Betriebswirtschaftslehre kompakt –
Grundlagen und Übungsaufgaben

Herstellung und Verlag:
BoD- Books on Demand, Norderstedt
ISBN: 978-3-7481-0331-8

Vorwort

Das vorliegende Lehrbuch „Betriebswirtschaftslehre kompakt – Grundlagen und Übungsaufgaben" entstand parallel zu der an der FOM Hochschule für Oekonomie und Management durchgeführten Veranstaltung „Management Basics". Es soll dem häufig geäußerten Wunsch dienen, Vorlesungsinhalte kompakt aufzubereiten und zu vertiefen. Die theoretischen Grundlagen werden darüber hinaus durch geeignete Übungsaufgaben ergänzt. Obwohl viele Studierende eine einschlägige Vorbildung, wie beispielsweise eine kaufmännische Ausbildung, vorweisen können, stellt das akademische Hochschulstudium in der Regel eine neue Herausforderung dar. Die in der Betriebswirtschaftslehre eingesetzten idealtypischen Modellen, werden aufgrund ihres Abstraktionsgrades und verwendeter Prämissen oftmals als zu komplex oder diffus empfunden. Dass der Einsatz solcher Modelle unumgänglich ist, da das betriebswirtschaftliche Erkenntnisobjekt aufgrund der immanent vorhandenen Unsicherheit sowie Dynamik und Komplexität der beeinflussenden Umwelt nicht vollständig modelliert und analysiert werden kann, ist nicht sofort ersichtlich und setzt eine gewisse Eingewöhnung voraus.

Die vorliegende Einführung soll somit Studierenden den Einstieg in die Betriebswirtschaftslehre erleichtern. Dabei wird nicht das Ziel verfolgt, die Betriebswirtschaftslehre umfassend darzustellen, sondern einen Überblick über das Fachgebiet zu geben und in die betriebswirtschaftliche Denkweise einzuführen. Für eine umfassende Darstellung sei auf die zahlreichenden Lehrbücher zur Allgemeinen Betriebswirtschaftslehre verwiesen, die auszugsweise im Literaturverzeichnis aufgeführt werden.

Agnieszka und Uwe Kehrel					Münster, im Oktober 2018

Inhaltsverzeichnis

Inhaltsverzeichnis VI

Abbildungsverzeichnis IX

Tabellenverzeichnis XI

1. Der Fall 13
2. Einführung in die BWL 14
   2.1. Grundlagen 14
   2.2. Aufgaben 22
   2.3. Lösungen 23
3. Unternehmensführung 24
   3.1. Grundlagen 24
   3.2. Aufgaben 79
   3.3. Lösungen 81
4. Personalmanagement 86
   4.1. Grundlagen 86
   4.2. Aufgaben 96
   4.3. Lösungen 97
5. Produktion 98
   5.1. Grundlagen 98
   5.2. Aufgaben 104
   5.3. Lösungen 107
6. Marketing 113
   6.1. Grundlagen 113

6.2. Aufgaben ... 122

6.3. Lösungen ... 123

7. Betriebswirtschaftliche Rechengrößen ... 127

7.1. Grundlagen ... 127

7.2. Aufgaben ... 130

7.3. Lösungen ... 133

8. Investition ... 136

8.1. Grundlagen ... 136

8.2. Aufgaben ... 144

8.3. Lösungen ... 150

9. Finanzierung ... 159

9.1. Grundlagen ... 159

9.2. Aufgaben ... 166

9.3. Lösungen ... 169

10. Externes Rechnungswesen ... 175

10.1. Grundlagen ... 175

10.2. Aufgaben ... 185

10.3. Lösungen ... 189

11. Internes Rechnungswesen ... 194

11.1. Grundlagen ... 194

11.2. Aufgaben ... 204

11.3. Lösungen ... 207

12. Risikomanagement ... 211

12.1. Grundlagen ... 211

12.2. Aufgaben 218
12.3. Lösungen 221
Quellenverzeichnis und Literaturempfehlungen 225

Abbildungsverzeichnis

Abbildung 1: Begriffsabgrenzung 17
Abbildung 2: Betriebliche Leistungserstellung und -verwertung 19
Abbildung 3: Funktionale Gliederung der Betriebswirtschaftslehre 21
Abbildung 4: Prozess der Unternehmensführung 24
Abbildung 5: Eigentümer- und managementgeführte Unternehmen 28
Abbildung 6: Unternehmensformen 32
Abbildung 7: Market-based-View 46
Abbildung 8: Recource-based-View 46
Abbildung 9: Ebenen der Umweltanalyse 49
Abbildung 10: Porters Five Forces 51
Abbildung 11: Erfahrungskurveneffekt 53
Abbildung 12: Produkt- bzw. Unternehmenslebenszyklus 55
Abbildung 13: Elemente des Marktwachstums-/Marktanteils-Portfolios 57
Abbildung 14: Marktwachstums-/Marktanteils-Portfolio 59
Abbildung 15: Organisation 66
Abbildung 16: Aufbauorganisation 68
Abbildung 17: Funktionale und divisionale Organisation 69
Abbildung 18: Stablinienorganisation 71
Abbildung 19: Matrixorganisation 74
Abbildung 20: Ein- und Mehrliniensystem 76
Abbildung 21: Human-Resources-Prozesse 86
Abbildung 22: Personalbedarfsplanung 88
Abbildung 23: Ablauf der Personalbeschaffung 89
Abbildung 24: Personalentwicklungsaktivitäten 93
Abbildung 25: Personalfreisetzung 95
Abbildung 26: Teilbereiche der Produktion 98
Abbildung 27: Gesamtkostenfunktion 100
Abbildung 28: ABC-Analyse 102

Abbildung 29: Determinanten des Absatzmarktes 114

Abbildung 30: Teilbereiche der Absatzplanung 116

Abbildung 31: Segmentierungskriterien 119

Abbildung 32: Absatzpolitische Instrumente 121

Abbildung 33: Einzahlungen und Auszahlungen 127

Abbildung 34: Einnahmen und Ausgaben 128

Abbildung 35: Erträge und Aufwendungen 129

Abbildung 36: Investitionsrechnung 137

Abbildung 37: Verfahren der dynamischen Investitionsrechnung 140

Abbildung 38: Unterscheidungskriterien von Finanzierungformen 159

Abbildung 39: Finanzierungsarten 160

Abbildung 40: Adressaten des externen Rechnungswesens 176

Abbildung 41: Schematische Darstellung einer Bilanz 178

Abbildung 42: Bilanzschema nach § 266 HGB 179

Abbildung 43: Umsatzkosten- und Gesamtkostenverfahren 182

Abbildung 44: Gewinn- und Verlustrechnung nach § 275 HGB 183

Abbildung 45: Aufgaben der Kosten- und Leistungsrechnung 195

Abbildung 46: Aufbau der Vollkostenrechnung 197

Abbildung 47: Leistungserstellungsprozess und Kalkulationsverfahren 202

Abbildung 48: Kategorisierung der Risikoarten 212

Abbildung 49: Risikomanagementprozess 213

Abbildung 50: Risikobewältigungsmaßnahmen 214

Tabellenverzeichnis

Tabelle 1: Ansprüche der Shareholder ... 27
Tabelle 2: Vor- und Nachteile eines Einzelunternehmens ... 33
Tabelle 3: Vor- und Nachteile einer GbR ... 35
Tabelle 4: Vor- und Nachteile einer OHG ... 36
Tabelle 5: Vor- und Nachteile einer KG ... 37
Tabelle 6: Vor- und Nachteile einer stillen Gesellschaft ... 38
Tabelle 7: Vor- und Nachteile einer Aktiengesellschaft ... 40
Tabelle 8: Vor- und Nachteile einer GmbH ... 42
Tabelle 9: Vor- und Nachteile einer KGaA ... 43
Tabelle 10: Vor- und Nachteile einer GmbH & Co. KG ... 44
Tabelle 11: Vor- und Nachteile einer Genossenschaft ... 45
Tabelle 12: SWOT-Analyse ... 53
Tabelle 13: Idealtypische Normstrategien ... 60
Tabelle 14: Strategietypen nach Porter ... 61
Tabelle 15: Voraussetzungen der Strategietypen ... 64
Tabelle 16: Kriterien der Aufgabenanalyse ... 67
Tabelle 17: Vor- und Nachteile einer funktionalen Organisation ... 70
Tabelle 18: Vor- und Nachteile einer Stablinienorganisation ... 72
Tabelle 19: Vor- und Nachteile einer divisionalen Organisation ... 73
Tabelle 20: Vor- und Nachteile einer Matrixorganisation ... 75
Tabelle 21: Ablauforganisation ... 77
Tabelle 22: Nettopersonalbedarf ... 87
Tabelle 23: Gegenüberstellung der Beschaffungswege ... 90
Tabelle 24: Vergleich Anforderungsprofils / Qualifikationsprofil ... 92
Tabelle 25: Kostendeterminanten ... 101
Tabelle 26: Gesamtkosten der Beschaffung ... 103
Tabelle 27: Verkäufer- und Käufermarkt ... 115
Tabelle 28: Verfahren der statischen Investitionsrechnung ... 138

Tabelle 29: Merkmale von Fremdkapital und Eigenkapital 162
Tabelle 30: Positiver Leverage Effekt 216
Tabelle 31: Negativer Leverage Effekt 217

1. Der Fall

Lars Lignum ist seit seiner frühesten Kindheit fasziniert vom Werkstoff „Holz". Vermutlich wurde diese Faszination von seinen Großeltern ausgelöst, die ihm aus Prinzip und mit großer Freude ausschließlich solides und langhaltbares Holzspielzeug schenkten. Konsequenterweise nahm Lars nach erfolgreichem Schulabschluss eine Ausbildung zum Schreiner auf. Nach der Weiterbildung zum Meister im Tischlerhandwerk möchte Lars zusammen mit seiner Frau Lisa ein gemeinsames Unternehmen aufbauen. Lisa Lignum hat nach ihrer Ausbildung zur Industriekauffrau erfolgreich BWL an einer renommierten privaten Hochschule studiert und soll somit das betriebswirtschaftliche Know-How ist das Unternehmen einbringen.

Lars und Lisa planen in ihrer Holzmanufaktur hochwertige Möbel aus Massivholz zu fertigen. Die Fertigung erfolgt noch weitgehend in Handarbeit und soll hauptsächlich Rohstoffe aus dem regionalen Umfeld beziehen und weiterverarbeiten. Allerdings stehen sie modernen Technologien und Fertigungsverfahren sehr aufgeschlossen gegenüber.

2. Einführung in die BWL

2.1. Grundlagen

Betriebswirtschaft, als eine selbstständige Disziplin der Wirtschaftswissenschaften, widmet sich vordergründig dem Begriff der Wirtschaft und der damit verbundenen humanen Bedürfnisbefriedigung.[1] Menschliche **Bedürfnisse** können dabei als unerfüllte Wünsche bezeichnet werden, unabhängig davon, ob sie objektiv vorhanden sind oder nur subjektiv empfunden werden. Sobald sich die Bedürfnisse als Nachfrage nach einem Gut oder einer Dienstleistung manifestieren, spricht man von einem **Bedarf**. Jedes einzelne Individuum (Student, Unternehmer, Arbeitnehmer, Rentner usw.) ist auf unterschiedlichste Art und Weise mit der Wirtschaft verbunden, die einen wesentlichen Teil unseres täglichen, gesellschaftlichen Lebens einnimmt. Die **Wirtschaft**, die eine Verflechtung einer großen Anzahl von Institutionen und Prozessen darstellt, dient der Bereitstellung von materiellen und immateriellen Gütern, die wiederum zu Befriedigung menschlicher Bedürfnisse führt. Da jedoch die menschlichen Bedürfnisse praktisch unbegrenzt und die zur Bedürfnisbefriedigung zur Verfügung stehenden Mittel in der Regel knapp sind, können niemals alle Bedürfnisse befriedigt werden. Aus diesem Grund sind Individuen gezwungen, die knappen Ressourcen (Kapital, Personal, Material, IT usw.) effizient einzusetzen.

Eine **effiziente Allokation** knapper Ressourcen fordert das **Rationalprinzip**, wonach ein bestimmtes Ziel mit dem Einsatz möglichst geringer Mittel zu erreichen ist. Bezogen auf die Wirtschaft kann dieses ökonomische Prinzip eine mengen- bzw. wertmäßige Ausprägung aufweisen. Nach der mengenmäßigen

---

[1] Vgl. hierzu und im Folgenden Wöhe (2016).

Definition (**Maximalprinzip**) ist bei einem gegebenen Input (Produktionsfaktoren) der maximale Output (Güterertrag) zu realisieren. Laut der wertmäßigen Definition (**Minimalprinzip**) soll dagegen bei einem gegebenen Output der minimale Input gemessen am Geldaufwand realisiert werden. Als eine weitere Erscheinungsform ist das Optimumprinzip zu erwähnen, wonach ein möglichst günstiges Verhältnis zwischen dem Output (Gütermenge) und Input (Faktoreinsatz) zu erwirtschaften ist. Zusammenfassend lässt sich festhalten, dass unter **Wirtschaft** ein sorgsamer und planungsvoller Umgang mit knappen Ressourcen zu verstehen ist.

Aus den vorangegangenen Ausführungen resultierend, kann die **Betriebswirtschaftslehre** folglich als die Lehre von der effizienten Allokation knapper Ressourcen in einem dynamischen und unsicheren Umfeld auf Unternehmensebene definiert werden. Dabei erteilt die Betriebswirtschaftslehre in ihrer Funktion als anwendungsorientierte Wissenschaft Handlungsempfehlungen, die insbesondere das Wirtschaften in Betrieben betreffen. Eine dauerhafte Kombination von Produktionsmitteln innerhalb einer Organisationseinheit soll dabei den menschlichen Bedarf an Gütern und Dienstleistungen decken.

Ein **Betrieb** ist als Erfahrungsobjekt der Betriebswirtschaftslehre zu verstehen und kann laut Wöhe als „eine planvoll organisierte Wirtschaftseinheit, in der Produktionsfaktoren kombiniert werden, um Güter und Dienstleistungen herzustellen und abzusetzen"[2], definiert werden. Umgangssprachlich werden die Begriffe „Betrieb" und „Firma" fälschlicherweise synonym verwendet. Im Gegensatz zum Betrieb, der eine technisch bestimmte Einheit darstellt, wird als **Firma** eine rechtliche bestimmte Einheit bezeichnet. Mit Firma, die von der

---

[2] Wöhe (2016).

Rechtsform abhängig ist, wird folglich der handelsrechtliche Name des Unternehmens, unter dem ein Kaufmann (sowohl Einzelkaufmann als auch juristische Person) seine Geschäfte betreibt, festgelegt.

Strategisch zusammengehörige Betriebe können zu einer **Strategischen Geschäftseinheit (SGE)** zusammengefasst werden. Dabei handelt es sich um einen abgrenzbaren, autonomen Teilbereich des Unternehmens, der unabhängig von anderen Unternehmensbereichen ein unternehmensexternes Marktsegment bearbeitet und eine klar formulierte Aufgabe, z.B. im Hinblick auf einheitliche Kundengruppen, Regionen oder Märkte, verfolgt.

Eine **Unternehmung** ist als eine wirtschaftlich autarke und rechtlich selbständige Einheit der Volkswirtschaft zu verstehen und kann aus mehreren Betrieben bestehen (nicht aber ein Betrieb aus mehreren Unternehmen). Wenn sich mehrere Unternehmen miteinander verbinden, spricht man von einem Konzern. Ein **System**, wie z.B. das marktwirtschaftliche Wirtschaftssystem, in dem ein Betrieb vorzufinden ist, bildet eine nach frei wählbaren Kriterien bestimmte Einheit ab. Die Abgrenzung der einzelnen Begriffe verdeutlicht folgende Abbildung.

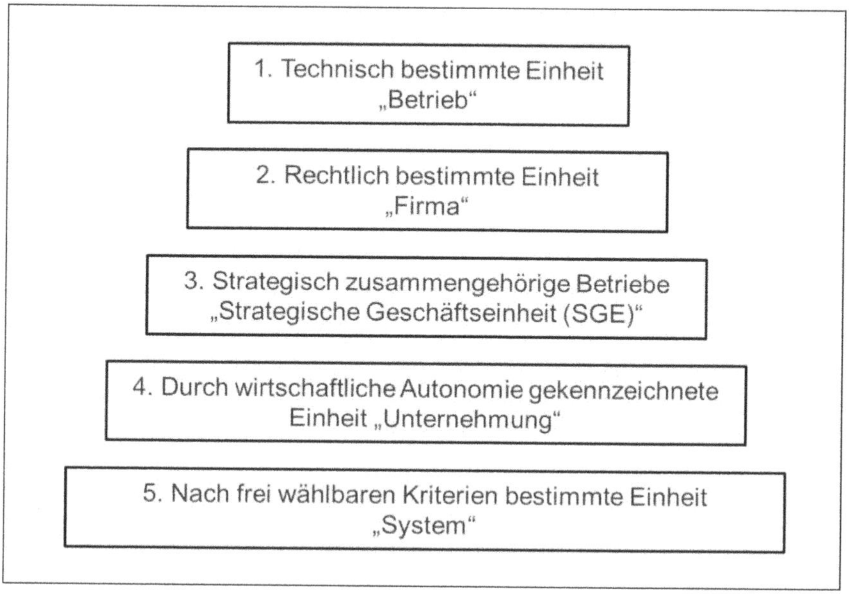

1. Technisch bestimmte Einheit „Betrieb"

2. Rechtlich bestimmte Einheit „Firma"

3. Strategisch zusammengehörige Betriebe „Strategische Geschäftseinheit (SGE)"

4. Durch wirtschaftliche Autonomie gekennzeichnete Einheit „Unternehmung"

5. Nach frei wählbaren Kriterien bestimmte Einheit „System"

Abbildung 1: Begriffsabgrenzung[3]

Im Rahmen der **Leistungserstellung** (Produktion) und der **Leistungsverwertung** (Absatz bzw. Marketing) interagiert ein Betrieb mit dem **Umsystem** (Beschaffungs-, Absatz-, Kapitalmarkt und Staat) in folgender Weise:

1. Der Prozess der betrieblichen Leistungserstellung und -verwertung beginnt mit dem Erwerb von **Produktionsfaktoren** durch den Betrieb auf dem **Beschaffungsmarkt**:

    A. **Arbeit**, die dem Gutenbergschen Prinzip entsprechend in ausführende (operative) Tätigkeit, z.B. Montage und dispositive (gestaltende und

---

[3] Vgl. z.B. Wöhe (2016).

anweisende) Tätigkeit, z.B. Unternehmensführung, eingeteilt werden kann.

B. **Betriebsmittel**, z.B. maschinelle Anlagen, Geschäftsausstattung, Fuhrpark.

C. **Werkstoffe**, die in Rohstoffe (Hauptbestandteile des Fertigfabrikats, z.B. Holz bei Möbelproduktion), Hilfsstoffe (Nebenbestandteile, die wert- oder mengenmäßig eine geringe Rolle spielen, z.B. Leim bei der Möbelproduktion) und Betriebsstoffe (z.B. Strom, der bei der Möbelproduktion zwar verbraucht wird, jedoch nicht in das Fabrikat eingeht) eingeteilt werden.

Als weitere Produktionsfaktoren können z.B. Informationen, Boden oder Rechte genannt werden.

2. Durch die Kombination von Produktionsfaktoren werden im Rahmen des Produktionsprozesses Produkte bzw. Dienstleistungen erstellt.

3. Die betrieblichen Produkte bzw. Dienstleistungen werden an private oder betriebliche Abnehmer, die auf dem Absatzmarkt agieren, abgesetzt.

4. Der Absatz von Produkten bzw. Dienstleistungen generiert Einzahlungen, die dem Betrieb zufließen.

5. Die finanziellen Mittel des Betriebes werden an die Lieferanten der Produktionsfaktoren ausgezahlt.

6. Größere Investitionen werden mithilfe finanzieller Mittel, die auf dem Kapitalmarkt beschafft werden, realisiert. Dabei kann zwischen **Eigenkapital** (z.B. durch die Ausgabe von Aktien) und **Fremdkapital** (z.B. durch die Aufnahme von Krediten) unterschieden werden.

7. Die für die Kapitalüberlassung anfallenden Entgelte werden in Form von Gewinnbeteiligungen (an die Eigenkapitalgeber) bzw. Fremdkapitalzinsen (an die Fremdkapitalgeber) gezahlt. Darüber hinaus wird Fremdkapital gemäß vertraglicher Vereinbarungen getilgt. Tilgung und Zins wird als Kapitaldienst bezeichnet.

8. Eventuelle Subventionen des Staates erhöhen die finanziellen Mittel des Betriebes.

9. Die vom Betrieb an den Staat zu entrichtenden Steuern führen zu einem betrieblichen Mittelabfluss.

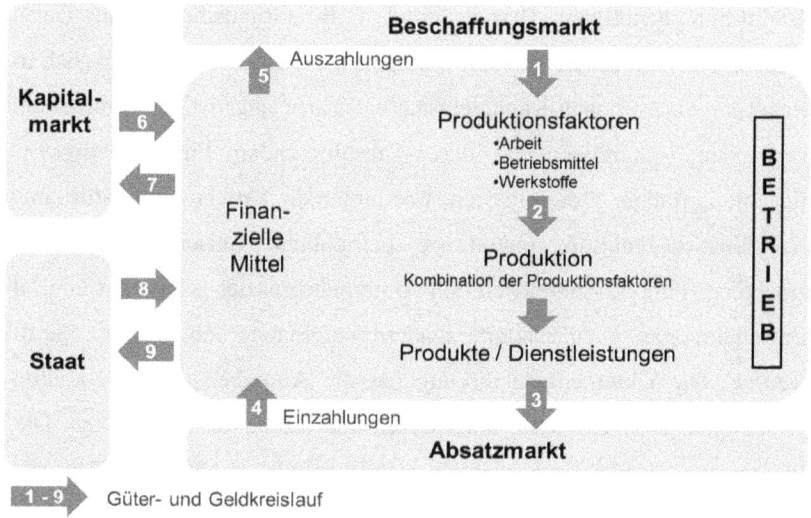

Abbildung 2: Betriebliche Leistungserstellung und -verwertung[4]

Im Rahmen der betrieblichen Leistungserstellung (**Produktion**) und -verwertung (**Absatz bzw. Marketing**) stehen sich folglich die Güterebene und

---

[4] Vgl. Wöhe (2016).

die Geldebene gegenüber. Die Sicherung der **Liquidität** des Unternehmens, d.h. der Fähigkeit, den finanziellen Verpflichtungen nachzukommen, stellt die Grundlage der Unternehmensexistenz dar. Auf Dauer kann ein Betrieb nur dann auf dem Markt bestehen, solange seine Einzahlungen mindestens seinen Auszahlungen entsprechen und somit ein finanzielles Gleichgewicht herrscht. Im Falle einer nachhaltigen Zahlungsunfähigkeit bzw. Illiquidität, ist das Unternehmen verpflichtet, bei Gericht **Insolvenz** anzumelden. Dies hat in der Regel zur Folge, dass die betriebliche Tätigkeit eingestellt wird.

Zu den Kernfunktionsbereichen der betrieblichen Tätigkeit gehören Produktion, Absatz sowie Investition und Finanzierung. Der Erwerb der für die Produktion benötigten Betriebsmittel (z.B. Grundstücke und Gebäude, Maschinen) wird als **Investition** bezeichnet. Da eine Investition jedoch in der Regel mit einem hohen Kapitaleinsatz und einer langfristigen Kapitalbindung verbunden ist, müssen die daraus resultierenden **Finanzierung**saspekte Beachtung finden. In diesem Sinne übernimmt die **Unternehmensführung** die Koordinationsfunktion, indem sie betriebliche Entscheidungen in den einzelnen Funktionsbereichen am Unternehmensziel ausrichtet und diese Entscheidungen nicht isoliert, sondern aufeinander abgestimmt, getroffen werden. Die Unternehmensführung hat die Aufgabe, einen zielkonformen Gesamtplan zu entwickeln, umzusetzen und diesen zu überwachen. Die zur Planung und Kontrolle betrieblicher Sachverhalte benötigten Informationen werden dabei vom **Rechnungswesen** geliefert, das seinerseits in das externe (Jahresabschluss) und das interne (Kosten- und Leistungsrechnung) Rechnungswesen unterteilt wird. Die funktionelle Gliederung der Betriebswirtschaftslehre kann der nachfolgenden Abbildung entnommen werden.

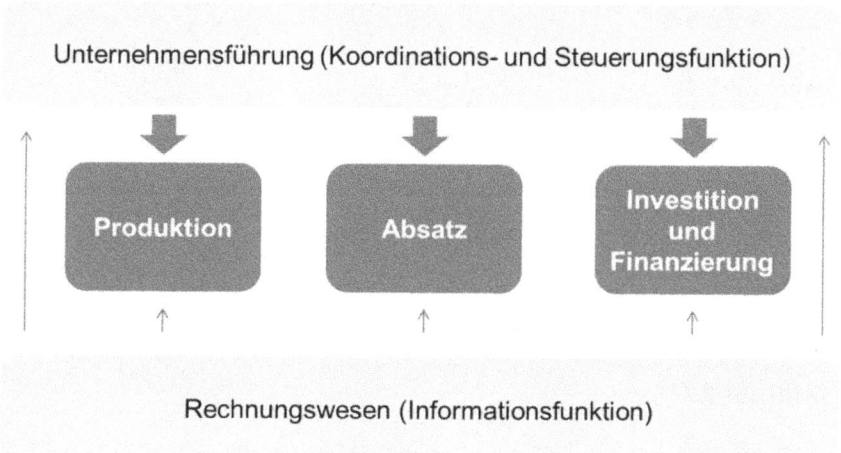

Abbildung 3: Funktionale Gliederung der Betriebswirtschaftslehre[5]

---

[5] Vgl. Wöhe (2016).

2.2. Aufgaben

Aufgabe 2.1:

Lars und Lisa möchten ihr gemeinsames Unternehmen nach betriebswirtschaftlichen Grundsätzen ausrichten. Wie lautet das Ökonomische Prinzip (Minimal- und Maximalansatz) angewendet auf die Produktion von Stühlen?

Aufgabe 2.2:

Lars ist sich unklar über verschiedene Begriffe, die aus seiner Sicht alle Synonyme für den Ausdruck „Unternehmen" darstellen. Definieren Sie folgende Begriffe:

- Betrieb
- Firma
- Strategische Geschäftseinheit
- Unternehmung
- System

2.3. Lösungen

Lösung Aufgabe 2.1:

Minimalprinzip: Eine bestimmte, fixe Anzahl von Stühlen mit minimalen Rohstoffeinsatz produzieren.

Maximalprinzip: Mit einem festen Rohstoffeinsatz, die maximal mögliche Anzahl an Stühlen produzieren.

Lösung Aufgabe 2.2:

1. Technisch bestimmte Einheit „Betrieb"

2. Rechtlich bestimmte Einheit „Firma"

3. Strategisch zusammengehörige Betriebe „Strategische Geschäftseinheit (SGE)"

4. Durch wirtschaftliche Autonomie gekennzeichnete Einheit „Unternehmung"

5. Nach frei wählbaren Kriterien bestimmte Einheit „System"

3. Unternehmensführung

3.1. Grundlagen

Prozess der Unternehmensführung

Der ursprünglichen Aufgabe der Unternehmensführung folgend, den Vorgang der Leistungserstellung und -verwertung in Hinblick auf eine maximal mögliche Unternehmenszielerreichung zu optimieren, kann der Prozess der Unternehmensführung, wie in Abbildung 4 dargestellt, in vier Phasen unterteilt werden.

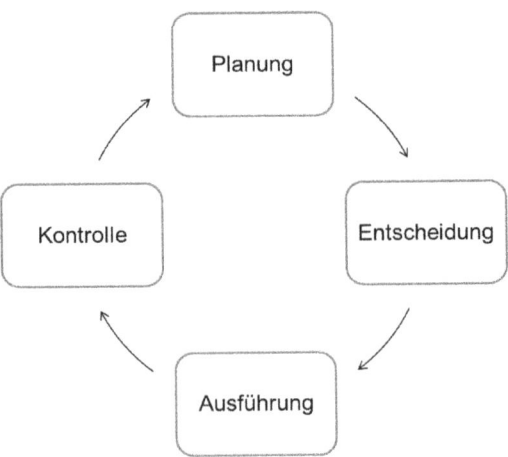

Abbildung 4: Prozess der Unternehmensführung[6]

Zunächst werden im Rahmen unternehmerischer Tätigkeit die Unternehmensziele konkretisiert (=**Zielplanung**, z.B. Gewinn- oder Umsatzmaximierung). Unternehmensziele werden dabei gem. Wöhe als

---

[6] Vgl. Wöhe (2016).

„Maßstäbe, an denen unternehmerisches Handeln gemessen werden kann"[7], definiert.

Die Teilaufgabe **Planung** beschäftigt sich mit Handlungsalternativen und bereitet zielkonforme Entscheidungen vor. Da üblicherweise mehrere Handlungsalternativen zur Verfügung stehen und nicht alle umgesetzt werden können, müssen die vorhandenen Optionen bewertet werden. Die anschließende **Entscheidung** fällt – unter Beachtung der Zielsetzung und der Entscheidungssituation – rational begründet auf eine Handlungsalternative mit dem höchsten Zielerreichungsgrad. In der **Ausführung**sphase steht eine effiziente Umsetzung der zur Realisierung des Vorhabens notwendigen Schritte im Vordergrund. So müssen Betriebsmittel und Werkstoffe termingerecht bereitgestellt werden, das Personal effizient eingesetzt werden (**Personalmanagement**) und Aufgaben den zuständigen Abteilungen zugewiesen werden (**Organisation**). Zwecks Feststellung von Planabweichungen wird die gesamte Ausführungsphase mithilfe von **Kontroll**maßnahmen überwacht. Dies soll ein frühzeitiges Gegensteuern bei unerwünschten Planabweichungen sowie das Sammeln von Erfahrungen für zukünftige Projekte ermöglichen. Zwischen den einzelnen Teilaufgaben der Unternehmensführung bestehen starke Interdependenzen, deren Koordination das unternehmerische **Controlling** übernimmt.

Unternehmensziele und Anspruchsgruppen

Ein Unternehmen interagiert immer mit mehreren Anspruchsgruppen (z.B. Staat, Kunden, Mitarbeiter, Konkurrenten, Lieferanten, Kapitalgeber), die

---

[7] Wöhe (2016).

wiederum unterschiedliche Ziele verfolgen.[8] Je nach Sichtweise unterscheiden sich die Zielsetzungen der einzelnen Gruppen wesentlich. Nach dem **Shareholder-Ansatz**, der die Anteilseigner bzw. Eigenkapitalgeber einer Unternehmung in den Vordergrund stellt, sind unternehmerische Entscheidungen so zu treffen, dass das Einkommen und Vermögen der Shareholder (d.h. der Eigenkapitalgeber) gesteigert wird. Der **Shareholder-Value** kann als Marktwert des Eigenkapitals definiert werden und ergibt sich in diesem Fall bei börsenorientierten Unternehmen aus dem Produkt aus der Anzahl der ausgegebenen Aktien und dem entsprechenden Aktienkurs. Somit verfolgt ein Unternehmen nach dem Shareholder-Konzept das Ziel der Eigenkapitalgeber, den Gewinn langfristig zu maximieren, wobei die unternehmerischen Entscheidungen von den Eigenkapitalgebern (bzw. von den von ihnen eingesetzten Geschäftsführern) getroffen werden. Darüber hinaus partizipieren die Eigenkapitalgeber vollständig am Unternehmenserfolg (Gewinn oder Verlust). Häufig wird dem Shareholder-Ansatz vorgeworfen, andere Anspruchsgruppen zu vernachlässigen.

Diesem Vorwurf begegnet der **Stakeholder-Ansatz** mit der Berücksichtigung aller Anspruchsgruppen, die vom unternehmerischen Handeln direkt oder indirekt betroffen sind. Das Unternehmensziel nach dem Stakeholder-Ansatz besteht im Gegensatz zum Shareholder-Ansatz daher nicht in der Gewinnmaximierung, sondern in der Steigerung des Allgemeinwohls.

Die einzelnen Anspruchsgruppen leisten unterschiedliche Beiträge zur Unternehmung und stellen im Gegenzug Ansprüche an das Unternehmen. Dies stellt die Unternehmensleitung vor die Herausforderung, die divergierenden Stakeholder-Interessen zusammenzuführen und alle Stakeholder in

---

[8] Vgl. hierzu und im Folgenden Wöhe (2016), Schaufelbühl (2007).

angemessener Weise am Erfolg des Unternehmens zu beteiligen. Dieser harmoniebedürftige Ansatz ist in der Praxis kaum zu realisieren und scheitert am Zielpluralismus der relevanten Stakeholder. Ebenfalls stellt die quantitative Präzisierung der Ziele sowie eine genaue Berechnung des Stakeholder-Value wesentliche Probleme dar.

Anspruchsgruppen	Anspruch gegenüber der Unternehmung	Beitrag zur Unternehmung
Eigenkapital (Eigentümer; Anteilseigner)	Mehrung des eingesetzten Kapitals (Gewinnausschüttung und Kapitalzuwachs)	Eigenkapital
Fremdkapitalgeber	Zeitlich und betragsmäßig festgelegte Tilgung und Verzinsung des eingesetzten Kapitals	Fremdkapital
Arbeitnehmer	Leistungsgerechte Entlohnung, motivierende Arbeitsbedingungen, Arbeitsplatzsicherheit	Ausführende Arbeit
Management	Gehalt, Macht, Einfluss, Prestige	Dispositive Arbeit
Kunden	Preisgünstige und qualitative Güter	Abnahme hochwertiger Güter
Lieferanten	Zuverlässige Bezahlung, langfristige Lieferbeziehungen	Lieferung hochwertiger Güter
Allgemeine Öffentlichkeit	Steuerzahlungen, Einhaltung der Rechtsvorschriften, schonender Umgang mit der Umwelt	Infrastruktur, Rechtsordnung, Umweltgüter

Tabelle 1: Ansprüche der Shareholder[9]

Im Sinne eines zeitgemäßen und verantwortungsvollen unternehmerischen Handelns besteht eine wichtige Managementaufgabe folglich darin, ein adäquates Stakeholdermanagement zu etablieren, das die verschiedenen Interessen und Ansprüche der Stakeholder (also auch die der Eigenkapitalgeber) berücksichtigt und nachhaltig sichert.

---

[9] Vgl. Wöhe (2016).

Gewaltenteilung im Rahmen der Unternehmensführung

Die Führung eines Unternehmens kann sowohl durch die Eigentümer als auch durch die von den Eigentümern bestellten Manager erfolgen. In **eigentümergeführten Unternehmen** üben die Eigentümer alle Führungsfunktionen selbst aus. Die Eigentümer tragen das volle unternehmerische Risiko (Gewinn und Verlust) und dürfen im Rahmen ihrer Geschäftsführungstätigkeit alle unternehmerischen Entscheidungen (beschränkt durch gesetzliche Vorschriften) selbstständig treffen. **Managementgeführten Unternehmen** ist dagegen gemein, dass zentrale Führungsentscheidungen an Manager (Geschäftsführer) übertragen werden, die selbst nicht (wesentlich) am Unternehmen beteiligt sind.

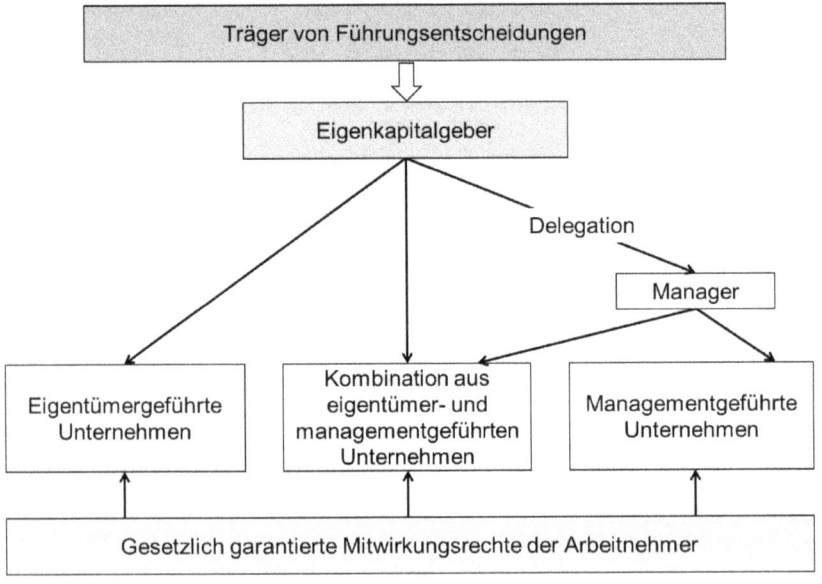

Abbildung 5: Eigentümer- und managementgeführte Unternehmen[10]

---

[10] Vgl. Wöhe (2016).

Ebenfalls ist in der Praxis eine Kombinationsform anzutreffen, bei der zwei Gruppen von Eigentümern existieren:

1. Eigentümer, die als Geschäftsführer die Führungsentscheidungen treffen

und

2. Eigentümer, die nur Kapitalgeber sind.

Wahl der Rechtsform

Die **Wahl der Rechtsform** als eine strategische unternehmerische Entscheidung ist für das Unternehmen von grundlegender Bedeutung und wird in der Regel einmalig oder sehr selten getroffen.[11] Insbesondere bei Gründungen und Umwandlungen oder bei wesentlichen persönlichen, wirtschaftlichen, rechtlichen bzw. steuerlichen Veränderungen (z.B. Erbfall in der Gründerfamilie) muss die Frage der Rechtsform beantwortet werden. Diese regelt nicht nur die Rechtsbeziehungen zwischen den Gesellschaftern (**Innenverhältnis**) sondern auch die rechtlichen Beziehungen mit den anspruchsberechtigten Stakeholdern (**Außenverhältnis**). Grundsätzlich kann die Rechtsform weitgehend frei gewählt werden. Ausgehend vom unternehmerischen Ziel der langfristigen Gewinnmaximierung (nach Steuern), wird die Wahl der Rechtsform maßgeblich beeinflusst durch folgende Auswahlkriterien:

1. **Leitungs- und Kontrollbefugnis**: In Abhängigkeit davon, ob ein Unternehmen eigentümer- oder managementgeführt wird, liegt die Leitungsfunktion entweder bei den Eigenkapitalgebern (eigentümergeführte

---

[11] Vgl. hierzu und im Folgenden Wöhe (2016), Thommen/Achleitner (2009), Pepels (2010).

Unternehmen) oder bei angestellten Managern (managementgeführte Unternehmen). Im zweiten Fall haben die Eigenkapitalgeber oftmals eingeschränkte Kontrollrechte.

2. **Haftungsumfang der Eigenkapitalgeber**: Die Haftung für Verbindlichkeiten kann in einer beschränkten oder unbeschränkten Form erfolgen. Ein Einzelunternehmer haftet sowohl mit seinem Betriebsvermögen als auch mit seinem Privatvermögen. Bei unbeschränkter Haftung haftet folglich die natürliche oder juristische Person mit ihrem Gesamtvermögen. Im Rahmen einer beschränkten Haftung haften die Eigenkapitalgeber als Gesellschafter einer juristischen Person nur bis zur Höhe ihrer festgelegten Eigenkapitaleinlage. **Juristische Personen** sind von der Rechtsordnung geschaffene Vereinigungen von Personen oder Sachen mit eigener Rechtsfähigkeit, die durch eine Eintragung in ein staatlich geführtes Register erlangt werden kann (z.B. Handelsregister). Sie sind somit - wie natürliche Personen - Träger eigener Rechte und Pflichten. Juristische Personen können jedoch nur durch ihre Organe handeln (z.B. Aufsichtsrat, Vorstand, Hauptversammlung bei einer AG). Ihre innere Struktur wird durch Gesetzte bzw. Satzung definiert (z.B. Gesellschaftsvertrag).

3. **Gewinn-/Verlustbeteiligung**: Entscheidung darüber, nach welcher Schlüsselgröße (z.B. nach Kapitalanteilen) die Gewinne bzw. Verluste unter den Eigenkapitalgebern verteilt werden sollen.

4. **Finanzierungsmöglichkeiten**: Bei einer Einzelunternehmung steht ein einziger Eigenkapitalgeber zur Verfügung, dagegen kann z.B. eine Aktiengesellschaft auf eine große Zahl an Eigenkapitalgebern (Aktionären) zugreifen. Grundsätzlich kann davon ausgegangen werden, dass eine bessere Ausstattung mit Eigenkapital (bei sonst gleichen

Rahmenbedingungen) die Fremdfinanzierungsmöglichkeiten verbessert. Damit besitzt dieses Kriterium einen wesentlichen Einfluss auf die Wahl der Rechtsform.

5. **Publizität, Prüfung und Mitbestimmung der Arbeitgeber**: Muss der Jahresabschluss eines Unternehmens veröffentlicht und von einem Wirtschaftsprüfer geprüft werden, ist dies mit hohen Kosten verbunden. Darüber hinaus kann die Mitbestimmung der Arbeitnehmer zur Einschränkung der Leitungs- und Kontrollrechte der Eigenkapitalgeber führen.

6. **Steuerbelastung**: Die Unternehmensbesteuerung nach dem deutschen Steuerrecht erfolgt in Abhängigkeit von der Rechtsform. Daher kann die Steuerbelastung - bei gleichem Gewinn - je nach Rechtsform unterschiedlich ausfallen.

Zwischen den Auswahlkriterien bestehen i.d.R Interdependenzen, so dass eine isolierte Betrachtung nicht zielführend ist. Vielmehr sollen die o.g. Faktoren in ihrer Gemeinschaft betrachtet und entsprechend ihrer Relevanz gewichtet werden. In der Praxis kann möglichen Zielkonflikten zwischen den Kriterien durch die Wahl einer Mischrechtsform begegnet werden. Die wichtigsten Rechtsformen nach dem deutschen Recht können Abbildung 6 entnommen werden.

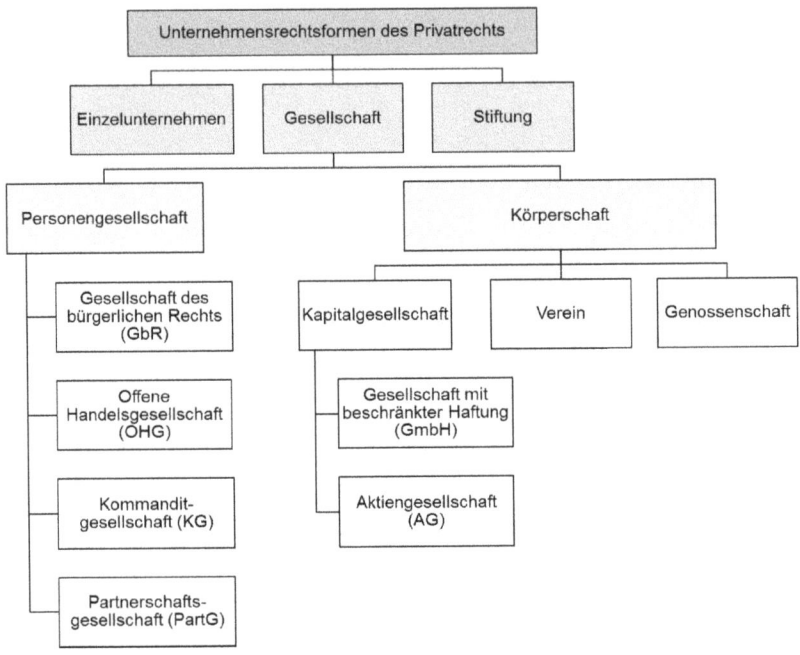

Abbildung 6: Unternehmensformen[12]

Als **Einzelunternehmen** kann jede gewerbliche, selbstständige Betätigung bezeichnet werden, die von einer einzelnen natürlichen Person (Inhaber) betrieben wird und keine eigene Rechtspersönlichkeit besitzt. Der Einzelunternehmer ist als Träger von Rechten und Pflichten allein für das Unternehmen verantwortlich und genießt Unabhängigkeit im Hinblick auf die unternehmerischen Gestaltungsspielräume. Im Gegenzug dazu trägt er die volle finanzielle Verantwortung und haftet für die Verbindlichkeiten des Unternehmens persönlich und mit seinem gesamten Vermögen (Betriebs- und Privatvermögen). Der Einzelunternehmer unterliegt der Pflicht, Bücher zu führen und einen handelsrechtlichen Jahresabschluss (Einnahmen-Überschuss-

---

[12] Vgl. Pepels (2010).

Rechnung) zu erstellen. Die geringen Formvorschriften kommen insbesondere Kleinbetrieben mit wenigen Mitarbeitern zugute. Nachteilig sind jedoch für die Rechtsform des Einzelunternehmens die Finanzierungsrestriktionen. Die Eigenfinanzierung erfolgt in der Regel in Form von Kapitaleinlagen vom Privat- ins Betriebsvermögen, womit die Erweiterungsmöglichkeiten der Kapitalbasis eng mit den privaten Vermögensressourcen verbunden sind. Die Fremdfinanzierungsmöglichkeiten sind ebenfalls im Wesentlichen von den privaten Vermögensverhältnissen und der Bonität des Einzelunternehmers abhängig. Bedeutsam ist bei dieser Rechtsform darüber hinaus die in der Praxis häufig problematische Nachfolgeregelung, die für das Fortbestehen des Unternehmens (z.B. im Falle des Todes des Inhabers) unerlässlich ist und einer Zerschlagung entgegenwirken kann.

Einzelunternehmen	
Vorteile	**Nachteile**
+ kein Mindestkapital	- volle Haftung mit dem Privatvermögen
+ freie Gestaltungsmöglichkeiten	- Gewinn unterliegt der Einkommenssteuer
+ geringe Gründungskosten	- Nachfolgeproblem
+ einfacher Einstieg (Kleingewerbe)	- begrenzte Firmierung

Tabelle 2: Vor- und Nachteile eines Einzelunternehmens

Unter einer **Gesellschaft** ist eine vertraglich geregelte Vereinigung von mehreren Personen oder Firmen zu verstehen, die sich durch einen Gesellschaftsvertrag verpflichten, einen gemeinsamen Zweck zu verfolgen (vgl. § 705 BGB). Grundsätzlich können (im Hinblick auf den Haftungsumfang) Personen- und Kapitalgesellschaften unterschieden werden. Bei **Personengesellschaften** steht die persönliche Haftung im Vordergrund. Bei **Kapitalgesellschaften** haften die Gesellschafter nur in Höher ihrer Einlage, da lediglich das Gesellschaftsvermögen der juristischen Person haftbar ist. Der Kapitalbezug bei Kapitalgesellschaften kommt dadurch zum Ausdruck, dass das Verhältnis der Gesellschafter zur Gesellschaft durch ihre Kapitalbeteiligung (z.B. Grundkapital bei einer AG oder Stammkapital bei einer GmbH) und nicht wie bei Personengesellschaften durch die Person der Gesellschafter (z.B. Auflösung der Gesellschaft beim Tod eines Gesellschafters) geprägt wird.

Personengesellschaften

Die **Gesellschaft des bürgerlichen Rechts** (GbR, auch BGB-Gesellschaft genannt, §§ 705 ff. BGB), zu der sich mindestens zwei Rechtssubjekte als Gesellschafter zusammenschließen, um einen Geschäftszweck zu verfolgen, ist keine juristische Person und besitzt somit keine eigene Rechtspersönlichkeit und kein eigenes Vermögen. Über das Gesamthandeigentum können die Gesellschafter (natürliche oder juristische Personen) nur gemeinsam verfügen. Als Beispiele sind zu nennen: Fahrgemeinschaft, ärztliche Gemeinschaftspraxis, Anwaltssozietät.

Gesellschaft bürgerlichen Rechts	
Vorteile	**Nachteile**
+ kein Mindestkapital	- volle Haftung mit dem Privatvermögen
+ geringe Gründungskosten	- Austritt eines Gesellschafters bedeutet meist Auflösung der GbR
+ einfache Gründung	

Tabelle 3: Vor- und Nachteile einer GbR

Die Gesellschaft bürgerlichen Rechts stellt die ursprüngliche und einfachste Form der Personengesellschaft im deutschen Gesellschaftsrecht dar. Auf ihr bauen mehrere Gesellschaftsformen auf, z.B. die **offene Handelsgesellschaft (OHG)**, die als große Schwester der Gesellschaft bürgerlichen Rechts bezeichnet werden kann. Eine GbR wird zur OHG, wenn durch die Gesellschaft ein Handelsgewerbe betrieben wird (s. hierzu § 1 Abs. 2 HGB). Somit kann die OHG z.B. von Freiberufler nicht gegründet werden. Wie bei der GbR so auch bei der OHG ist das Gesellschaftsvermögen das Gesamthandvermögen der Gesellschafter, die für die Verbindlichkeiten der Gesellschaft unbeschränkt als Gesamtschuldner haften. Die OHG ist keine juristische Person und entsteht durch einen Gesellschaftsvertrag zwischen zwei oder mehreren Gesellschaftern (natürliche Personen), die unbeschränkt - auch mit ihrem Privatvermögen - haften.

Offene Handelsgesellschaft	
Vorteile	**Nachteile**
+ kein Mindestkapital	- buchführungspflichtig
+ einfache Gründung	- volle Haftung, auch Privatvermögen
	- Nachhaften nach Ausscheiden eines Gesellschafters

Tabelle 4: Vor- und Nachteile einer OHG

Bei einer **Kommanditgesellschaft (KG)** steht, wie bei einer OHG, der gemeinsame Betrieb eines Handelsgewerbes im Vordergrund. Die KG hat ihren Ursprung ebenfalls im Gesellschaftsvertrag, allerdings werden zwei Gruppen von Gesellschaftern unterschieden. Kommanditisten, deren Haftung eingeschränkt ist (nur bis zur Höher ihrer vertraglich festgesetzten Kapitaleinlage, vgl. § 171 HGB) und Komplementäre, die persönlich und unbeschränkt haften (s. OHG-Gesellschafter).

Kommanditgesellschaft	
Vorteile	**Nachteile**
+ kein Mindestkapital	- Komplementär haftet auch mit Privatvermögen
+ einfache Beteiligungen möglich	
+ Kommanditist haftet nur bis zur Stammeinlage	

Tabelle 5: Vor- und Nachteile einer KG

Im Rahmen einer **stillen Gesellschaft** beteiligt sich ein Kapitalgeber (stiller Gesellschafter; natürliche oder juristische Person) finanziell (oder in Form von Arbeitsleistung) am Betrieb eines Geschäftsinhabers, ohne dass dies nach außen sichtbar wird. Die stille Gesellschaft ist eine reine Innengesellschaft und besitzt eher den Charakter eines Schuldverhältnisses. Für den Geschäftsinhaber bietet diese Rechtsform eine gute Möglichkeit zur Erweiterung der Kapitalbasis, wobei er zwar im Gegenzug Teile des Gewinns abgeben, jedoch nicht auf Teile der Entscheidungskompetenz verzichten muss. Der stille Gesellschafter partizipiert am Gewinn und nicht unbedingt am Verlust der Gesellschaft und haftet nicht für die Unternehmensverbindlichkeiten.

Stille Gesellschaft	
Vorteile	**Nachteile**
+ Anonymität des stillen Gesellschafters	- keine Einflussnahme des stillen Gesellschafters auf das Unternehmen
+ stiller Gesellschafter übernimmt keine Verpflichtungen, profitiert jedoch vom Gewinn	- Verpflichtungen des Unternehmens gegenüber stillem Gesellschafter
+ leichte Kapitalbeschaffung für Unternehmen	- Gefahr starker Abhängigkeit von Geldgebern
+ steuerliche Vorteile	

Tabelle 6: Vor- und Nachteile einer stillen Gesellschaft

Eine weitere Form der Personengesellschaft stellt die **Partnerschaftsgesellschaft (PartG)** dar, die an freiberufliche Tätigkeiten (z.B. Ärzte, Rechtsanwälte, Psychologen) gebunden ist und im Wesentlichen auf den Grundlagen der GbR basiert. Die PartG übt folglich kein Handelsgewerbe aus. Weiterer Unterschied zur GbR besteht in der Möglichkeit einer Haftungsbeschränkung für die Partner, die sich nur als natürliche Personen einer PartG anschließen können.

Kapitalgesellschaften

Bei einer **Aktiengesellschaft (AG)** handelt es sich um eine Kapitalgesellschaft mit eigener Rechtspersönlichkeit und folglich um eine juristische Person (§ 1 AktG), deren Grundkapital (= gezeichnetes Kapital; mindestens 50.000 Euro) in Aktien zerlegt ist. Die Zerlegung des Grundkapitals ermöglicht den Aktionären eine Beteiligung an der AG bereits mit kleinen Beiträgen. Dabei ist die Haftung der Gesellschafter bzw. der Aktionäre auf deren Einlage beschränkt und tangiert deren Privatvermögen, z.B. im Insolvenzfall, nicht. Eine AG kann von einer oder mehreren Personen gegründet werden.

Die Leitungs- und Kontrollbefugnisse sind in der AG auf drei Organe verteilt:

- **Vorstand**, der aus einer oder mehreren Personen bestehen kann und das Unternehmen leitet (§§ 76ff. AktG).

- **Aufsichtsrat**, der den Vorstand bestellt und überwacht (§§ 95ff. AktG, Mitbestimmungsgesetze).

- **Hauptversammlung**, die sich aus allen Aktionären einer Aktiengesellschaft zusammensetzt und in der die grundlegenden Entscheidungen für die AG getroffen werden (§§ 179ff. AktG).

Darüber hinaus liegt die zusätzliche Kontrollbefugnis beim **Abschlussprüfer**, der die Aufgabe hat, den Jahresabschluss einer Kapitalgesellschaft zu prüfen.

Das Handeln der Aktien an der Börse ist nicht zwingend notwendig. Der Gang an die Börse wird meist nur von großen AGs unternommen. Der positiv zu bewertenden Möglichkeit der Kapitalbeschaffung über die Börse steht ein durch das AktG festgelegter hoher Gründungsaufwand gegenüber. Als weiterer Nachteil einer AG werden häufig die weitreichenden Mitbestimmungsrechte der Arbeitnehmerseite genannt sowie die sehr eng begrenzten Möglichkeiten der Gesellschafter zur Gestaltung der Satzung.

| Aktiengesellschaft ||
Vorteile	Nachteile
+ Haftungsbeschränkung auf das Gesellschaftsvermögen	- teuere und aufwändige Gründung
+ einfache Finanzierungsmöglichkeiten	- hohes Mindeststammkapital
+ Ein-Personen-AG („Kleine AG") möglich	- umfangreiche Prüfungs- und Publizitätspflichten

Tabelle 7: Vor- und Nachteile einer Aktiengesellschaft

Eine weitere, zu den Kapitalgesellschaften gehörende Rechtsform ist die **Gesellschaft mit beschränkter Haftung (GmbH)**. Eine GmbH ist eine juristische Person, die durch eine oder mehrere Personen als Gründungsgesellschafter gegründet wird (§ 1 GmbHG). Die Gesellschaft selbst tritt als Kaufmann im Geschäftsverkehr auf und nicht ihre Gesellschafter. Die Gesellschafter können sowohl natürliche als auch juristische Personen sein, die mit Stammeinlagen am Stammkapital von mindestens 25.000 Euro beteiligt sind (§§5, 13 GmbHG).

Ähnlich wie bei einer AG unterscheidet man bei einer GmbH ebenfalls drei Organe:

- **Geschäftsführung**, die von einem oder mehreren Geschäftsführern (Gesellschafter oder dritte Personen) ausgeführt wird (§§ 35ff. GmbHG). Dieses Organ ist mit der Geschäftsführungsbefugnis sowie Vertretungsmacht ausgestattet.

- **Aufsichtsrat**, dessen Bildung - zwecks Überwachung der Geschäftsführung - nach den Mitbestimmungsgesetzen ab einer bestimmten Größe und bei einer bestimmten Branchenzugehörigkeit rechtlich vorgeschrieben ist.

- **Gesellschafterversammlung**, die als beschließendes Organ der GmbH fungiert.

Im Vergleich zur AG zeichnet sich die GmbH durch einen niedrigeren Kapitalbedarf bei der Gründung und die wesentlich geringeren Gründungskosten aus. Möchte allerdings eine GmbH neues Kapital aufnehmen, so sind die Möglichkeiten der Kapitalbeschaffung im Vergleich zur AG eingeschränkt.

Gesellschaft mit beschränkter Haftung

Vorteile	Nachteile
+ Haftungsbeschränkung auf das Gesellschaftsvermögen	- teuere und aufwändige Gründung
+ Hinzunahme und Ausscheiden von Gesellschaftern gut regelbar	- hohes Mindeststammkapital
+ hohes Ansehen	- Liquidation aufwändig und langwierig
+ Ein-Personen-GmbH möglich	- Bilanzierungs- und Buchhaltungspflicht
	- häufig zusätzliche Sicherheiten erforderlich, da Bonität gering

Tabelle 8: Vor- und Nachteile einer GmbH

Mischformen

Eine **Kommanditgesellschaft auf Aktien (KGaA)** ist als eine Kombination von KG und AG eine juristische Person. Damit nutzt die KGaA die Vorteile einer breiten Kapitalbasis von Aktiengesellschaften sowie auf der anderen Seite die Vorteile der persönlichen Haftung der Gesellschafter einer KG. Besonders geeignet ist die KGaA für Unternehmen, die die Finanzierungsvorteile einer AG nutzen möchten, ohne dabei die Geschäftsführung und Entscheidungskompetenz abgeben zu müssen (z.B. Familienunternehmen).

Kommanditgesellschaft auf Aktien	
Vorteile	**Nachteile**
+ einfache Kapitalbeschaffung durch Aufnahme weiterer Kommanditaktionäre	- persönliche Haftung des Komplementärs
+ persönliche Bindung der Gesellschafter an die Firma	- geringer Einfluss der Kommanditaktionäre
+ stärkere Kontrolle des Vorstands	- hohes Stammkapital
+ höhere Sicherheit gegen Übernahmen	

Tabelle 9: Vor- und Nachteile einer KGaA

Bei einer **GmbH & Co. KG** (bzw. **AG & Co. KG**) übernimmt eine juristische Person (GmbH, AG, Stiftung) die Funktion des Komplementärs der KG. Dies führt dazu, dass die Haftung aller natürlichen Personen eingeschränkt wird. Dabei bleibt - entsprechend der Ausgestaltung von Personengesellschaften - die unternehmerische Entscheidungsfreiheit erhalten.

GmbH & Co. KG

Vorteile	Nachteile
+ Beschränkung der persönlichen Haftung der Gesellschafter	- komplexe Gesellschaftsstruktur
+ renommierte Gesellschaftsform	- hohe Kosten und Formalitäten
+ steuerliche Vorteile	- Publizitätspflichten
+ leichte Aufnahme neuer Gesellschafter und Investoren	- fehlender Kapitalmarktzugang
+ Verrechnung der Verluste mit anderen Einkünften	

Tabelle 10: Vor- und Nachteile einer GmbH & Co. KG

Die **Genossenschaft** ist ein Zusammenschluss von natürlichen oder juristischen Personen, „deren Zweck darauf gerichtet ist, den Erwerb oder die Wirtschaft ihrer Mitglieder oder deren soziale oder kulturelle Belange durch gemeinschaftlichen Geschäftsbetrieb zu fördern" (§§ 1, 4 GenG). Die Genossenschaft ist eine juristische Person (§ 17 GenG), bei der nur das Gesellschaftsvermögen der Genossenschaft haftet. Dabei haften die Mitglieder nicht persönlich für die Verbindlichkeiten der Genossenschaft. Ähnlich wie bei der AG und GmbH besteht die Genossenschaft aus den Organen: Vorstand, Aufsichtsrat und Generalversammlung.

Genossenschaft	
Vorteile	**Nachteile**
+ Haftung auf das Gesellschaftsvermögen begrenzt	- Bindung an den Selbsthilfezweck
+ unabhängig von den Personen der Mitglieder	- umfangreiche Buchführungs- und Prüfungspflichten
+ verleiht dem Unternehmen eine Kaufmannseigenschaft, gutes Ansehen	

Tabelle 11: Vor- und Nachteile einer Genossenschaft

Grundlagen strategischer Planung

Das **Struktur-Verhalten-Ergebnis-Paradigma** (bzw. **Structure-Conduct-Performance-Paradigm**) ist ein Ansatz der Industrieökonomik, der den Zusammenhang von Marktstruktur (Structure), Marktverhalten (Conduct) und Marktergebnis (Performance) untersucht. Der klassische Ansatz, der eine direkte Wirkungskette propagiert, geht davon aus, dass die Marktstruktur das Verhalten der Unternehmen am Markt determiniert und dies wiederum den Markterfolg bestimmt.[13]

---

[13] Vgl. hierzu und im Folgenden Porter (2013).

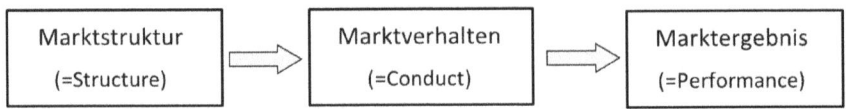

Abbildung 7: Market-based-View

Der reaktive **Market-Based-View** folgt einer „von außen nach innen Sichtweise", wonach die Erfolgsfaktoren eines Unternehmens aus den Marktanforderungen bzw. aus der Umwelt abgeleitet werden. Im Rahmen einer derart defensiven Grundhaltung, bei der nur der Markt als Entscheidungskriterium für künftige Strategien gilt, besteht die Gefahr, dass die eigenen Ressourcen und Innovationen vernachlässigt werden.

Im Gegensatz zu der marktorientierten Sichtweise des Market-Based-Views erfolgt beim **Resource-Based-View** ein Perspektivenwechsel, wonach die Qualität der Unternehmensressourcen als die Quelle des Erfolges definiert wird. Aus dem Potential bzw. Ressourcen wird die Strategie abgeleitet und diese wiederum beeinflusst die Performance also den Unternehmensgewinn.

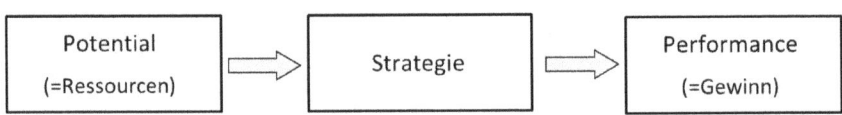

Abbildung 8: Recource-based-View

Dabei sind unter **Ressourcen** die Stärken eines Unternehmens zu verstehen, die es dem Unternehmen ermöglichen, sich in einer wandelnden Umwelt erfolgreich positionieren zu können und den langfristigen Unternehmenserfolg zu sichern. Es werden folgende Arten von Ressourcen unterschieden:

1. **Tangible** (=greifbare) Ressourcen, z.B. Gebäude, Maschinen, Fertigungsanlagen.

2. **Intangible** (=nicht greifbare) Ressourcen, z.B. Lizenzen, Fertigungsverfahren, Image.

3. **Human Resources**, z.B. Knowhow, Fähigkeiten, Erfahrungen und Motivation der Mitarbeiter.

4. **Finanzielle Ressourcen**, z.B. Liquidität, Ausstattung mit Fremd- und Eigenkapital.

Kritisch zu sehen beim Resource-Based-View ist die Tatsache, dass der Fokus auf den Stärken und Schwächen innerhalb der Unternehmung liegt. Der Markt, der maßgeblich den Wert einer Ressource bestimmt, wird bei diesem Ansatz tendenziell vernachlässigt. Ferner führt die bloße Existenz einer Ressource nicht zu Schaffung von Wettbewerbsvorteilen. Erst ein unternehmensspezifischer Einsatz von Ressourcen und eine unternehmenszielgerichtete Kombination der Ressourcen untereinander kann zum Unternehmenserfolg führen.

Eine Kombination aus den Postulaten des Market-Based-Views und des Resource-Based-Views kann als **strategische Planung** bezeichnet werden. Dabei handelt es sich um einen Prozess zur Abstimmung von Umwelt bzw. Marktanforderungen und den Potentialen (=Ressourcen) des Unternehmens. Die strategische Planung beinhaltet folgende Schritte:

1. **Zielbildung**: Definition von Vision, Mission, Unternehmenszielen, Geschäftsbereichszielen und Funktionsbereichszielen.

2. **Umweltanalyse**: Analyse des eigenen und globalen Marktumfelds (z.B. mithilfe von Porters Five-Forces).

3. **Unternehmensanalyse**: Analyse der unternehmenseigenen Stärken und Schwächen (häufig in Kombination mit der Umweltanalyse z.B. als SWOT-Analyse).

4. **Strategiewahl**: baut auf den Ergebnissen der strategischen Analyse (Umwelt- & Unternehmensanalyse) auf.

5. **Strategieimplementierung**: Alle Aktivitäten auf sachlicher (Zerlegung der Strategie in Einzelmaßnahmen), organisatorischer (Implementierung in die Ablauforganisation) und personeller Ebene (Kommunikation der Strategie an alle Mitarbeiter), die zur Umsetzung der gewählten Strategie erforderlich sind.

6. **Strategische Kontrolle** (Soll-Ist-Vergleich): Verläuft parallel und begleitet die strategische Planung als kontinuierlicher Prozess.

Ausgewählte Instrumente strategischer Planung

Die **Umweltanalyse** beschafft die relevanten Informationen für eine erfolgreiche Strategieformulierung. Das externe Umfeld der Unternehmung steht im Mittelpunkt der Untersuchung, wobei Bedrohungspotentiale sowie Chancen für das Unternehmen erkundet werden. Die Umweltanalyse schließt nicht nur das nähere Geschäftsumfeld des Unternehmens ein, sondern auch sein globales Umfeld, zu dem insbesondere technologische, politisch-rechtliche, ökonomische sowie sozio-kulturelle Faktoren zählen. Das 3-Umwelten-Modell nach Stapelton unterscheidet zwischen drei Umwelten einer Organisation:[14]

---

[14] Vgl. hierzu und im Folgenden Stapleton (2000).

1. **Interne Umwelt**: Vom Management kontrollierbare Faktoren.

2. **Nahe Umwelt**: Nicht kontrollierbare aber zu beeinflussende Faktoren, z.B. Kunden, Lieferanten, Konkurrenten.

3. **Ferne Umwelt**: Nicht kontrollierbare und nicht beeinflussbare Faktoren.

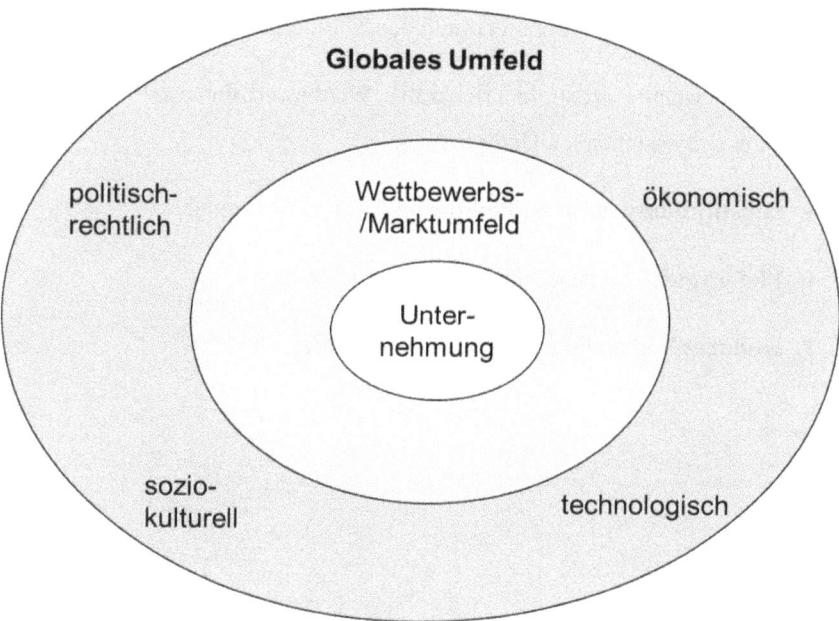

Abbildung 9: Ebenen der Umweltanalyse

Die Umweltanalyse soll folglich aufzeigen, welche Faktoren die Unternehmensziele beeinflussen bzw. beeinflussen werden und welche Auswirkung die jeweiligen Faktoren auf die Unternehmensziele haben können.

Um systematisch die Attraktivität einer Branche zu bestimmen und die daraus resultierenden Ergebnisse in die strategische Planung einfließen zu lassen, eignet sich die von Porter entwickelte Branchenstrukturanalyse (**Porters Five**

Forces).[15] Der Portersche Ansatz geht davon aus, dass die Attraktivität einer Branche bzw. eines Marktes für die darin befindlichen Akteure durch die sie umgebende Marktstruktur determiniert wird (vgl. Structure-Conduct-Performance-Paradigm und Market-Based-View). Das Fünf-Kräfte-Modell definiert folgende Faktoren, die auf ein Unternehmen einwirken:

1. **Neue Anbieter**: Bedrohung durch den Markteintritt neuer Konkurrenten.

2. **Wettbewerber** (zentrale Triebkraft): Wettbewerbsintensität und Rivalität unter den bestehenden Unternehmen.

3. **Substitutionsprodukte**: Bedrohung durch Ersatzprodukte.

4. **Lieferanten**: Verhandlungsstärke der Lieferanten.

5. **Kunden**: Verhandlungsmacht der Abnehmer.

---

[15] Vgl. hierzu und im Folgenden Porter (1980), Macharzina/Wolf (2010).

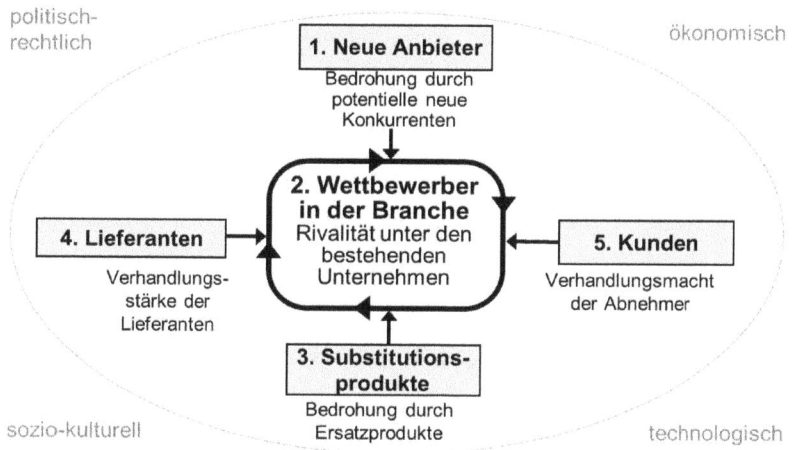

Abbildung 10: Porters Five Forces

Aus den Ergebnissen der Analyse, die oft in einer nachfolgenden SWOT-Analyse münden, kann abgeleitet werden, inwiefern die betrachtete Branche (bzw. der Markt) für das Unternehmen attraktiv ist und, ob potentielle Investitionsvorhaben erfolgversprechend sind. Je stärker die Bedrohung durch die genannten Wettbewerbskräfte, desto unattraktiver ist die analysierte Branche und desto geringer die Möglichkeiten, einen dauerhaften Wettbewerbsvorteil zu erzielen.

Im Rahmen der Ergebnisanalyse ist zu beachten, dass es sich bei Porters Five Forces um eine Momentaufnahme der Branche handelt und permanente Veränderungen der einzelnen Komponenten, insbesondere auf Märkten mit höherer Wettbewerbsdynamik, denkbar sind. Deshalb muss die Wiederholungshäufigkeit der Analyse der Schnelllebigkeit der Branche angepasst werden.

Mit Hilfe eines weiteren Instruments der strategischen Planung können die Stärken und Schwächen eines Unternehmens und damit die Wettbewerbsposition eines Unternehmens analysiert werden. Die **Stärken-Schwächen-Analyse** untersucht die finanziellen, organisatorischen, physischen und technologischen Ressourcen eines Unternehmens im Vergleich mit den Wettbewerbern und in Hinblick auf die kritischen Erfolgsfaktoren. Es soll aufgezeigt werden, welche konkreten Maßnahmen das Unternehmen unter Berücksichtigung der aktuellen und der zukünftigen Ressourcensituation ergreifen sollte. Eine **Chancen-Risiken-Analyse** ermöglicht dagegen eine Betrachtung der Umwelt des Unternehmens. Zu diesem Zweck werden die möglichen Auswirkungen von Umwelteinflüssen auf die aktuellen und potentiellen Geschäftsfelder der Unternehmung auf einer Skala bewertet.

Eine Kombination der beiden vorangegangenen Analysen mündet in der sogenannten **SWOT-Analyse** (**S**trengths, **W**eaknesses, **O**pportunities, **T**hreats). Mithilfe einer SWOT-Matrix werden zum einen die unternehmensexternen Faktoren (Umweltchancen und -gefahren) und zum anderen die unternehmensinternen Faktoren (Unternehmensstärken und -schwächen) zusammengetragen und so die strategische Position des Unternehmens transparent gemacht. Es wird untersucht, wie sich der Nutzen aus Stärken und Chancen maximieren bzw. die Verlauste aus Schwächen und Gefahren minimieren lassen. Das Ziel dieser Methode ist es, für jede externe und interne Entwicklung mindestens eine strategische Option abzuleiten und eine passende Strategie zu entwickeln. Zu den Vorteilen der SWOT-Analyse gehören vor allem die einfache Anwendung aufgrund des checklistenartigen Aufbaus, intuitives Verständnis sowie geringe Vorbereitungszeit. Tendenziell negativ zu bewerten ist, dass bei den Analysen eine stabile bzw. vorhersehbare Unternehmensumwelt zugrunde gelegt wird. Des Weiteren wird bemängelt, dass eine Reduktion der Umwelt- und Unternehmenskomplexität vorgenommen werden muss und somit lineare und monokausale Denkmuster zur Entwicklung strategischer Stoßrichtungen angewendet werden.

Unternehmens- interne Faktoren \ Unternehmens- externe Faktoren	Opportunities (Chancen)	Threats (Bedrohungen)
Strengths (Stärken)	Mit welchen Stärken können welche Chancen im Markt genutzt werden?	Mit welchen Stärken können welche Risiken abgewendet werden?
Weaknesses (Schwächen)	Welche Schwächen hindern uns, bestimmte Chancen zu nutzen?	Welche Schwächen stellen zusammen mit welchen Gefahren Risiken dar?

Tabelle 12: SWOT-Analyse[16]

Das Konzept der **Erfahrungskurve** beschreibt den Zusammenhang zwischen Stückkosten und kumulierter Produktionsmenge. Demnach führt die Verdopplung der kumulierten Produktionsmenge (=Erfahrung) zum Rückgang der inflationsbereinigten Stückkosten um 20% bis 30%.

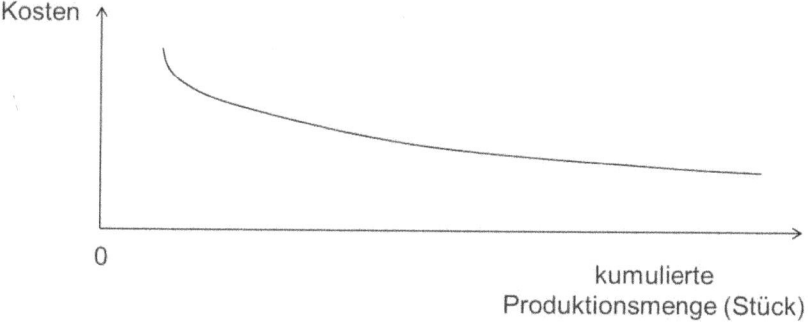

Abbildung 11: Erfahrungskurveneffekt

---

[16] Vgl. Macharzina/Wolf (2010).

Der Erfahrungskurveneffekt bietet einen Ansatzpunkt für die Preis- und Investitionspolitik eines Unternehmens und zeigt Rationalisierungsmaßnahmen auf, die bei der strategischen Planung berücksichtig werden können. Allerdings ist die Erfahrungskurve nicht immer und nicht für alle konkurrierenden Unternehmen gültig. Vielmehr ist die Höhe des Erfahrungskurveneffektes branchen- und unternehmensspezifisch. Des Weiteren ist anzumerken, dass weder eine unbegrenzte Produktionskapazität noch unbegrenzte Absatzmöglichkeiten in der Realität vorhanden sind. Auch der unterstellte monokausale Zusammenhang zwischen der kumulierten Produktionsmenge und der Kostenentwicklung ist in der Praxis nicht haltbar.

Das Grundmodell der **Lebenszyklusanalyse**, deren Bezugsobjekte einzelne Unternehmen, Produkte, Produktgruppen, Märkte oder Technologien sein können, ermöglicht die Betrachtung des Umsatzes und des Gewinns eines Bezugsobjektes (im Folgenden eines Produktes) in Abhängigkeit von der Zeit. Es werden folgende, für die strategische Planung relevante Phasen unterschieden:

- **Einführung**: Produkteinführung und Entscheidung durch Kunden, ob das Produkt angenommen wird und in die Wachstumsphase gelangt. Produktions- und Markteintrittskosten übersteigen die Produkterlöse mit der Folge, dass der Gewinn und der Cash-Flow negativ sind.

- **Wachstum**: die Nachfrage nach dem Produkt wächst. Gewinn, Umsatz und Cash-Flow steigen stark an. Gefahr durch Konkurrenzprodukte ist hoch.

- **Reifephase**: Die Wachstumsraten sind - trotz des hohen Marktanteils - rückläufig. Das Kundeninteresse nimmt ab, die Anzahl neuer Konkurrenten mit günstigeren Preisen nimmt zu, weshalb Preissenkungen notwendig werden. Die Gewinne sinken. Erhaltungsmarketing bzw. Produktvariationen werden relevant.

- **Sättigung**: Kein Marktwachstum mehr vorhanden, der Markt schrumpft. Umsätze, Gewinne und Cash-Flow gehen zurück. Durch Produktmodifikationen lassen sich mehr Kunden erreichen. In der Spätphase sind Gewinne nicht mehr realisierbar, der Umsatzrückgang ist auch mithilfe von gezielten Marketingmaßnahmen nicht aufzuhalten.

Am Ende des Produktlebenszyklus hat das Unternehmen die Möglichkeit, das Produkt vom Markt zu nehmen (Produktelimination) oder das Produkt zu relaunchen. Im zweiten Fall wird das Produkt nach einer umfangreichen Modifizierung erneut auf den Markt gebracht und durchläuft im Idealfall den Produktlebenszyklus noch mal.

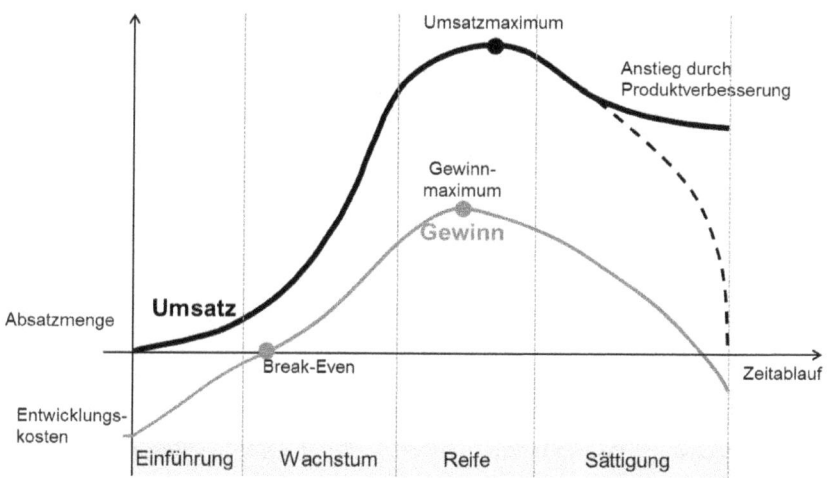

Abbildung 12: Produkt- bzw. Unternehmenslebenszyklus[17]

---

[17] Vgl. Wöhe (2016).

Kritisch am Lebenszyklusmodell ist anzumerken, dass es sich hierbei aufgrund der unklaren Abgrenzung der einzelnen Phasen um ein Erklärungsmodell und kein Entscheidungsmodell handelt. Außerdem folgen nicht immer alle Produkte (oder andere Bezugsobjekte) dem klassischen Lebenszyklus. Zusätzlich werden äußere Umweltfaktoren (z.B. politische, gesellschaftliche oder demografische Einflussgrößen) vernachlässigt.

Das Produktlebenszyklusmodell stellt den Ausgangspunkt der **Portfolioanalyse** dar, mit der das Ziel verfolgt wird, eine langfristige Gewinnmaximierung durch eine bestmögliche Kombination aus innovativen, reifen und traditionellen Produkten herzustellen.[18] Darüber hinaus soll ein Ausgleich von Risiko und Ertrag erreicht werden. Den Gegenstand der Portfolioanalyse bilden die sog. **strategischen Geschäftsfelder (SGF)**. Dabei handelt es sich um eine Produkt/Dienstleistung-Markt-Kombination, für die eine eigenständige und spezifische Marktstrategie entwickelt werden kann. Abzugrenzen hiervon sind die **strategischen Geschäftseinheiten (SGE)**, die als Teilbereiche innerhalb einer Unternehmung zu verstehen sind. Diese werden - im Gegensatz zu SGF, die sich durch eine Außenorientierung auszeichnen - vom Unternehmen her definiert. Folglich ergeben sich die SGE aus der Definition des SGF.

Die von der Boston-Consulting-Group entwickelte Vier-Feld-Matrix beinhaltet die Kombination der Faktoren: relativer Marktanteil (interner Faktor) und Marktwachstum (externer Faktor). Die Grundelemente des Marktwachstums/Marktanteils-Portfolios stehen im folgenden Zusammenhang zueinander:

---

[18] Vgl. im Folgenden Wöhe (2016), Thommen/Achleitner (2009).

Marktwachstum	und Lebenszykluskonzept
• hoch ⟶	Einführungs- u. Wachstumsphase
• niedrig ⟶	Reife- und Sättigungsphase
Marktanteil	und **Erfahrungskurve**
• hoch ⟶	niedrige Stückkosten
• niedrig ⟶	hohe Stückkosten

Abbildung 13: Elemente des Marktwachstums-/Marktanteils-Portfolios[19]

Es werden vier Geschäftsfelder unterschieden, für die Normstrategien, d.h. idealtypische, strategische Verhaltensweisen insbesondere im Hinblick auf die Verteilung der Ressourcen, abgeleitet werden können:

- „**Question Marks**": Geschäftsfelder mit einer ungewissen Zukunft werden als Fragezeichen bezeichnet. Sie können sich als hoffnungsvolle neue Produkte im besten Fall zu „Stars" und später zu „Cash-Cows" entwickeln. Im ungünstigsten Fall müssen die Fragezeichen aufgrund eines geringen Marktanteils aus dem Markt genommen werden. Geschäftsfeld 1 in der Abbildung 14 sollte aufgrund der fortgeschrittenen Lebensphase und geringerer Marktanteile eliminiert werden. Geschäftsfeld 2 ist jünger als Geschäftsfeld 1, besitzt aber höhere Marktanteile und sollte deshalb beim Aufstieg zum „Star" unterstützt werden.

- „**Stars**": Geschäftsfelder, die sich durch ein hohes Marktwachstum und einen hohen Marktanteil auszeichnen, der allerdings durch intensive Reinvestition der erwirtschafteten Überschüsse verteidigt werden muss (Geschäftsfeld 3). Geschäftsfeld 4 erwirtschaftet dagegen die ersten Netto-Überschüsse und steht folglich kurz von dem Übergang zur „Cash-Cow".

---

[19] Vgl. Wöhe (2016).

- **„Cash-Cows"**: Geschäftsfelder, die Produkte in der Reifephase mit niedrigen Stückkosten und somit hohen Deckungsbeiträgen umfassen. Diese „Selbstläufer" erwirtschaften hohe Einnahmen, die zur Subventionierung anderer Geschäftsfelder verwendet werden können. Der relativ geringe Reinvestitionsbedarf und die niedrigen Ausgaben für Marketingmaßnahmen im Geschäftsbereich 5 ermöglichen somit einen hohen Netto-Cash-Flow.

- **„Poor Dogs"**: Geschäftsfelder, die aus strategischer Sicht aufgrund ihres niedrigen Marktanteils und des niedrigen Marktwachstums als Problemfelder bezeichnet werden. Gemäß des Lebenszykluskonzepts befinden sich diese Problemprodukte in der Sättigungs- (Geschäftsfeld 6) bzw. Degenerationsphase (Geschäftsfeld 7). Aufgrund der rückläufigen Nachfrage und (bei kleinen Stückzahlen) steigenden Stückkosten erwirtschaften die „armen Hunde" bestenfalls nur noch geringe Deckungsbeiträge. Sie tragen somit nicht mehr zum Cash-Flow bei, binden jedoch Ressourcen, die anderweitig effizienter verwendet werden könnten. Aufgrund der negativen Zukunftsprognosen befinden sich diese Geschäftsfelder auf dem Eliminierungspfad.

Unternehmensführung

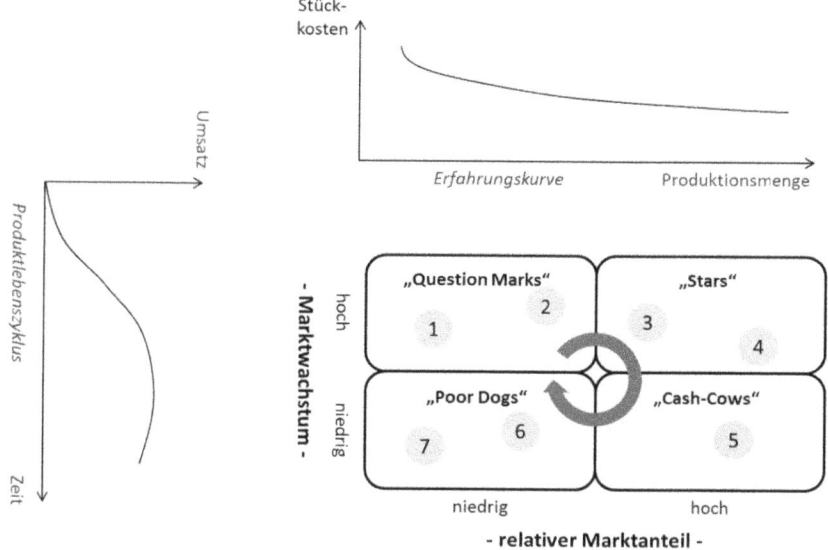

Abbildung 14: Marktwachstums-/Marktanteils-Portfolio[20]

Die idealtypischen Normstrategien, die sich aufgrund der Marktwachstums-/Marktanteils-Matrix und der daraus resultierenden Portfoliokategorien ergeben, können Tabelle 13 entnommen werden.

---

[20] Vgl. Wöhe (2016).

Strategische Elemente / Portfoliokategorie	Zielvorstellung (relativer Marktanteil)	Ressourceneinsatz	Risiko
Stars	halten/leichter Ausbau	hoch, Reinvestition des Cashflow	akzeptieren
Cash Cows	halten/leichter Ausbau	gering, nur Rationalisierungs- und Ersatzinvestitionen	einschränken
Dogs	Abbau	minimal, Verkauf bei Gelegenheit, evtl. Stilllegung	stark reduzieren
Question Marks	selektiver Ausbau	hoch, Erweiterungsinvestitionen	akzeptieren
	Abbau	Verkauf	einschränken

Tabelle 13: Idealtypische Normstrategien[21]

Der Wettbewerb in einem Markt kann laut Porter als Ausgangspunkt für unternehmerischen Erfolg oder Misserfolg angesehen werden.[22] Wie bereits im Rahmen der oben beschriebenen Branchenstrukturanalyse deutlich wurde, ist es daher entscheidend, die allgemeine Wettbewerbssituation, mit der das eigene Unternehmen konfrontiert ist sowie die eigene Stellung im Vergleich zu den relevanten Wettbewerbern detailliert zu kennen. Nach Porter können drei in sich geschlossene Strategiegruppen unterschieden werden, aus denen ein Geschäftsbereich „wählen" kann.

---

[21] Vgl. Thommen/Achleitner (2009).

[22] Vgl. Porter (2013).

		Strategischer Vorteil	
		Singularität aus Sicht des Käufers	Kostenvorsprung
Strategisches Zielobjekt	Branchenweit	Differenzierung	Umfassende Kostenführerschaft
	Beschränkung auf ein Segment	Konzentration auf Schwerpunkte (Nische)	

Tabelle 14: Strategietypen nach Porter[23]

Eine **Kostenführerschaft** bzw. Strategie des Kostenvorsprungs bedeutet für den Geschäftsbereich, durch im Vergleich zur Konkurrenz geringere Kosten, einen Wettbewerbsvorteil zu erreichen. Dies wird möglich durch eine breite Aufstellung des Geschäftsbereiches am Markt, folglich große Stückzahlen und die daraus resultierenden Größendegressionseffekte (Skaleneffekte). Häufig kann jedoch im Rahmen der Kostenführerschaft lediglich durchschnittliche Qualität der Produkte bzw. Dienstleistungen angeboten werden. Ein wettbewerbsrelevanter Kostenvorsprung kann durch verschiedene Maßnahmen erreicht werden, z.B.:

- Aufbau von Produktionsanlagen in effizienter Größe,

- Ausnutzung von erfahrungsbedingten Kostensenkungspotentialen,

- Standardisierung der Abläufe & Prozessrationalisierung,

- Kostenminimierung in Bereichen wie Forschung und Entwicklung, Service, Werbung,

- strenge Kontrollen der variablen Kosten und der Gemeinkosten,

---

[23] Vgl. Porter (2013).

- Vereinfachung der Produkte bzw. Dienstleistungen,

- Konzentration auf Großkunden bzw. Vermeidung von marginalen Kunden.

Mit der Strategie der Kostenführerschaft kann ein Unternehmen entweder durch günstige bzw. günstigste Preise (Preisführerschaft) seinen Umsatz vergrößern und dadurch hohe Marktanteile erobern oder bei unveränderten Preisen den Gewinn erhöhen.

Die **Differenzierungsstrategie** unterscheidet sich wesentlich von der Strategie der Kostenführerschaft. Hier steht ein einzigartiges Produkt bzw. eine einzigartige Dienstleistung (z.B. im Hinblick auf die Qualität, Service, Markenimage) im Vordergrund, das bzw. die sich stark von den Konkurrenzprodukten abhebt und dem Anbieter eine besondere Marktstellung verschafft. Man spricht in diesem Zusammenhang von einer **Unique Selling Proposition (USP)**, d.h. die Produkte oder Dienstleistungen („Premiummarken") weisen einzigartige Eigenschaften auf, die von anderen Anbietern nicht angeboten werden. Der Wettbewerbsvorteil ergibt sich hierbei aus der Bereitschaft der Kunden, für die besonderen Produktmerkmale einen höheren Preis zu bezahlen, was wiederum dem Unternehmen eine gewisse Immunität gegenüber den Preissenkungen der Konkurrenz ermöglicht. Die Preiselastizität der Nachfrage wird verringert und ein monopolistischer Bereich kann geschaffen oder vergrößert werden. Die Differenzierungsstrategie ist üblicherweise mit folgenden Voraussetzungen verbunden:

- einzigartige Produkteigenschaften, z.B. Design, technische Funktionalität, Markenname,

- gut ausgebautes Händlernetz mit einem umfassenden Kundendienst,

- hohes Innovationspotenzial und hohe Innovationsfreudigkeit,

- hoch qualifizierter, unternehmerisch denkender Mitarbeiterstab,

- intensive, werbewirksame Öffentlichkeitsarbeit.

Zu beachten sind die im Rahmen der Umsetzung der Differenzierungsstrategie anfallenden hohen Kosten, die notwendig sind, um die Einzigartigkeit des Produktes oder der Dienstleistung (z.B. Qualitätsversprechen) herzustellen und aufrecht zu erhalten. Diese können idealerweise über höhere Verkaufspreise („Premiumpreise") kompensiert werden. Nachteilig ist jedoch zu sehen, dass i.d.R. nur geringe Marktanteile erreichbar sind, da viele Kunden nicht bereit oder nicht in der Lage sind, die höheren Preise zu zahlen.

Den beiden vorangegangenen Strategien ist gemeinsam, dass sie die Bearbeitung des Gesamtmarktes beabsichtigen. Dagegen liegt der Schwerpunkt der **Nischenstrategie** auf der Fokussierung auf ein einzelnes Marktsegment, eine Marktnische (z.B. eine bestimmte Abnehmergruppe oder einen geografisch abgegrenzten Markt), auf das die strategischen Maßnahmen angewandt werden. Dabei kann die Nischenstrategie in der konkreten Ausprägung die Kostenführerschaft oder die Differenzierung anstreben. Bei der Nischenstrategie kann davon ausgegangen werden, dass ein Unternehmen durch die Konzentration auf eine bestimmte, abgegrenzte Zielgruppe, Wettbewerbsvorteile gegenüber seinen Konkurrenten, die einen breiten Markt bearbeiten, erzielen kann. Allerdings sind die Kosten des Nischenanbieters relativ hoch und das Umsatzpotential begrenzt, was i.d.R. durch höhere Verkaufspreise kompensiert werden muss. Darüber hinaus trägt das Nischenunternehmen ein höheres Risiko, z.B. wenn die Nachfrage im Falle von bestimmten Trends rückläufig ist oder ganz entfällt.

Alle drei Strategien, die sowohl getrennt als auch unter bestimmen Voraussetzungen kombiniert auftreten können, erfordern bestimmte unternehmerische Mittel und Fähigkeiten sowie ein geeignetes Führungs- und Organisationssystem. Einen zusammenfassenden Überblick bietet die folgende Tabelle.

Strategietyp / Voraussetzungen	Gewöhnlich erforderliche Fähigkeiten und Mittel	Übliche organisatorische Anforderungen
Umfassende Kostenführerschaft	• Hohe Investitionen und Zugang zu Kapital • Verfahrensinnovationen und Verfahrensverbesserungen • Intensive Beaufsichtigung der Arbeitskräfte • Produkte, die im Hinblick auf einfache Herstellung entworfen sind • Kostengünstiges Vertriebssystem	• Intensive Kostenkontrolle • Häufiger detaillierte Kontrollberichte • Klar gegliederte Organisation und Verantwortlichkeiten • Anreizsystem, das auf der strikten Erfüllung quantitativer Ziele beruht
Differenzierung	• Gute Marketingfähigkeiten • Produktengineering • Kreativität • Stärken in der Grundlagenforschung • Guter Ruf in Sachen Qualität und technologische Spitzenstellung • Lange Branchentradition und einmalige Kombination von Fähigkeiten, die aus anderen Branchen stammen	• Strenge Koordination von Tätigkeiten in den Bereichen Forschung und Entwicklung, Produktentwicklung und Marketing • Subjektive Bewertungen und Anreize an Stelle von quantitativen Kriterien • Annehmlichkeiten, um hoch qualifizierte Arbeitskräfte, Wissenschaftler oder kreative Menschen anzuziehen
Konzentration	Kombination der oben genannten Maßnahmen, gerichtet auf das bestimmte strategische Zielobjekt	Kombination der oben genannten Maßnahmen, gerichtet auf das bestimmte strategische Zielobjekt

Tabelle 15: Voraussetzungen der Strategietypen[24]

---

[24] Vgl. Porter (2013).

Grundlagen organisatorischer Gestaltung

Der Begriff Organisation kann je nach Kontext unterschiedlich definiert werden: [25]

- **Gestalterischer Aspekt**: Das Unternehmen wird organisiert. Im Vordergrund steht eine Gestaltungsfunktion.

- **Instrumentaler Aspekt**: Das Unternehmen hat eine Organisation. Im Vordergrund steht eine Ordnungsfunktion, die sich auf Strukturen (Aufbauorganisation) und Prozesse (Ablauforganisation) bezieht.

- **Institutionaler Aspekt**: Das Unternehmen ist eine Organisation. Im Vordergrund steht die Organisationslehre.

Im Mittelpunkt folgender Ausführungen steht die Unternehmensorganisation, die die Koordination von betrieblichen Teilprozessen übernimmt. Unter **Organisation** versteht Wöhe „das Bemühen der Unternehmensleitung, den komplexen Prozess betrieblicher Leistungserstellung und Leistungsverwertung so zu strukturieren, dass die Effizienzverluste auf der Ausführungsebene minimiert werden".[26] Es soll folglich mithilfe dauerhafter Regelungen eine Ordnung der arbeitsteiligen Prozesse geschaffen werden, die sich am unternehmerischen Oberziel (z.B. langfristige Gewinnmaximierung) orientiert und der Erreichung dieses Zieles dient. Darüber hinaus soll eine Organisation durch generelle Regelungen für vergleichbare Fälle (Routineaufgaben) zur Entlastung der Unternehmensleitung beitragen.

---

[25] Vgl. hierzu und im Folgenden Thommen/Achleitner (2009) sowie Wöhe (2016).

[26] Wöhe (2016).

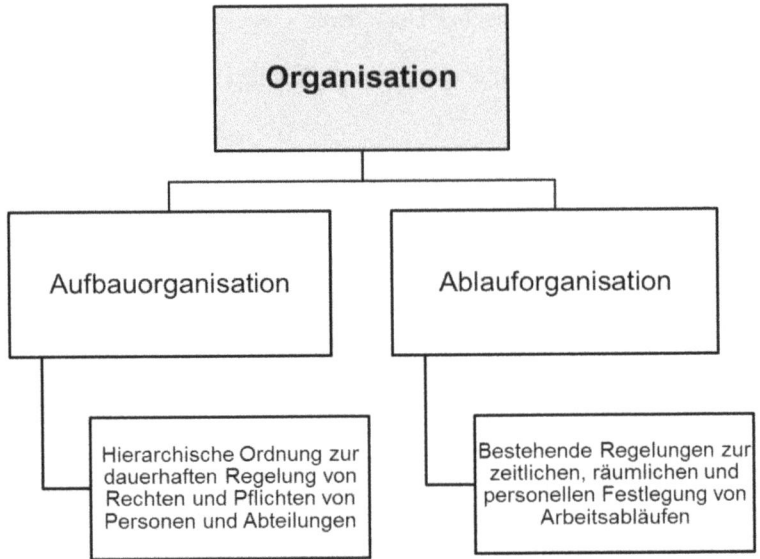

Abbildung 15: Organisation[27]

Aufbauorganisation

Die **Aufbauorganisation** bildet auf der Grundlage langfristiger Entscheidungen der Unternehmensleitung das hierarchische Gerüst eines Unternehmens und legt die Rahmenbedingungen dafür fest, welche Aufgaben von welchen Personen oder Abteilungen unter Beanspruchung welcher Betriebsmittel übernommen werden. Die formale Darstellung der Aufbauorganisation bzw. einer Organisationsstruktur erfolgt mithilfe eines Organigramms. Die Aufbauorganisation umfasst zwei Bereiche: die Aufgabenanalyse und die Aufgabensynthese, die den Zweck verfolgen, Rationalisierungseffekte durch Arbeitsteilung zu realisieren. Im Rahmen der

---

[27] Vgl. Wöhe (2016).

Aufgabenanalyse wird die Gesamtaufgabe eines Unternehmens solange in einzelne Teilaufgaben gegliedert, bis diese nicht weiter aufgeteilt werden können. Die Zerlegung der Gesamtaufgabe kann nach verschiedenen Kriterien erfolgen:

Gliederungskriterien	Gliederungsergebnis
Verrichtung	Forschen, Bestellen, Montieren, Verkaufen usw.
Objekt	(Verschiedene) Tätigkeiten an Produkten A, B, C
Rang	Dispositive bzw. ausführende Tätigkeit
Phase	Planung, Ausführung, Kontrolle
Zweck	Primärer Betriebszweck (Leistungserstellung/Absatz) Sekundärer Betriebszweck (Rechnungswesen/Verwaltung)

Tabelle 16: Kriterien der Aufgabenanalyse[28]

Die so entstandenen Elementaraufgaben (z.B. Schreiben, Transportieren) werden in der anschließenden **Aufgabensynthese** sachlogisch zu Aufgabenkomplexen zusammengefasst und auf geeignete Stellen (z.B. Sekretariat, Fahrer) übertragen, die wiederum zu Abteilungen (z.B. Verwaltung, Vertrieb) gruppiert werden. Die neu gebildeten Stellen und Abteilungen müssen nun im letzten Schritt der Gestaltung der Aufbauorganisation zu einer Gesamtstruktur zusammengefasst und in Beziehung zueinander gesetzt werden.

---

[28] Vgl. Wöhe (2016).

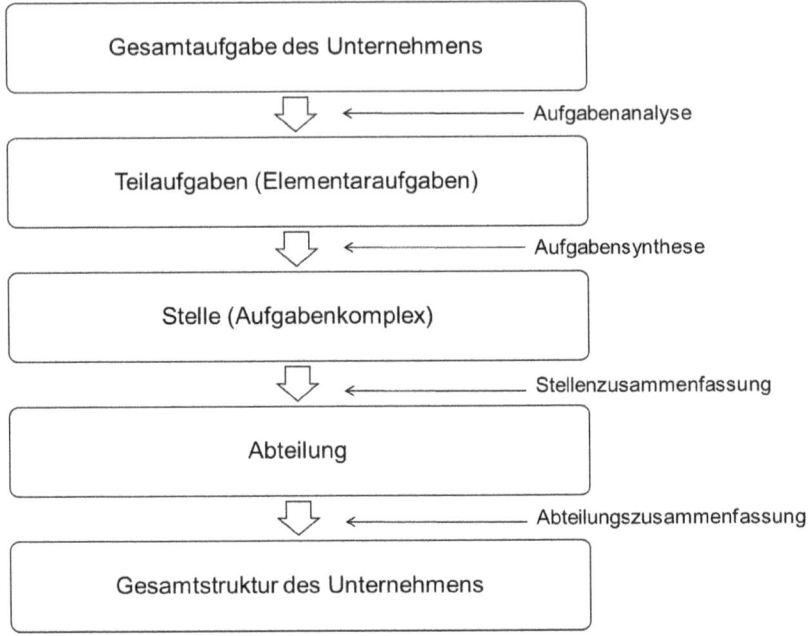

Abbildung 16: Aufbauorganisation[29]

Organisationsformen in der Praxis

Hinsichtlich der Art und des Umfangs der Spezialisierung von Stellen können grundsätzlich zwei Organisationsgrundstrukturen unterschieden werden:

---

[29] Vgl. Thommen/Achleitner (2009).

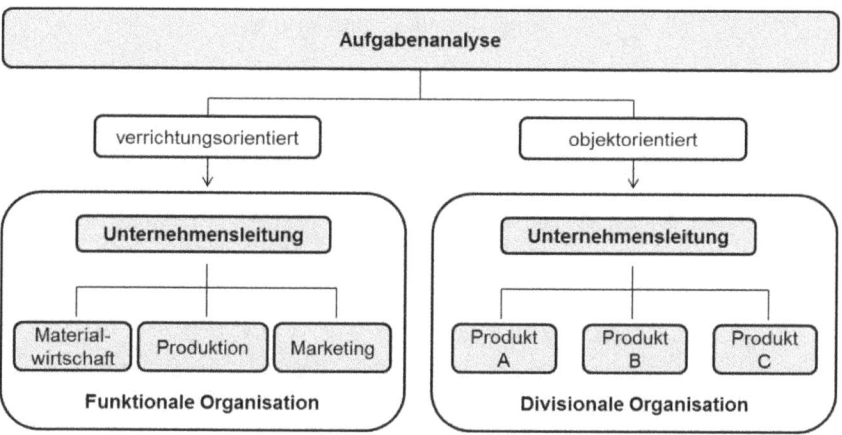

Abbildung 17: Funktionale und divisionale Organisation[30]

Funktionale Organisation

Bei einer **funktionalen Organisation** (Verrichtungsorganisation) wird das Unternehmen unterhalb der Unternehmensleitung nach Funktionen (z.B. Produktion, Vertrieb) gegliedert, indem gleichartige Aufgaben zusammengefasst werden. Diese unternehmerischen Teilbereiche besitzen die Kompetenz in ihrer jeweiligen Funktion für das gesamte Unternehmen. Eine reine Verrichtungsorganisation ist i.d.R. bei kleinen und mittleren Unternehmen mit einem relativ homogenem Leistungsprogramm und stabilen Absatzmärkten anzutreffen.

---

[30] Vgl. Wöhe (2016).

Funktionale Organisation	
Vorteile	**Nachteile**
+ hoher Spezialisierungsgrad	- Bereichsegoismus / Ressortdenken
+ Verhinderung von Redundanzen	- niedrige Produkt- und Marktorientierung
+ Kostendegressionseffekte	- Überlastung der Führungskräfte
+ eindeutige Verantwortungs- und Kompetenzbereiche	- hoher Koordinationsaufwand zwischen den Abteilungen

Tabelle 17: Vor- und Nachteile einer funktionalen Organisation

Stablininenorganisation

Einige der Nachteile der reinen funktionalen Organisation, insbesondere die Überlastung der Linieninstanzen, lassen sich mit Hilfe einer **Stablinienorganisation** reduzieren.

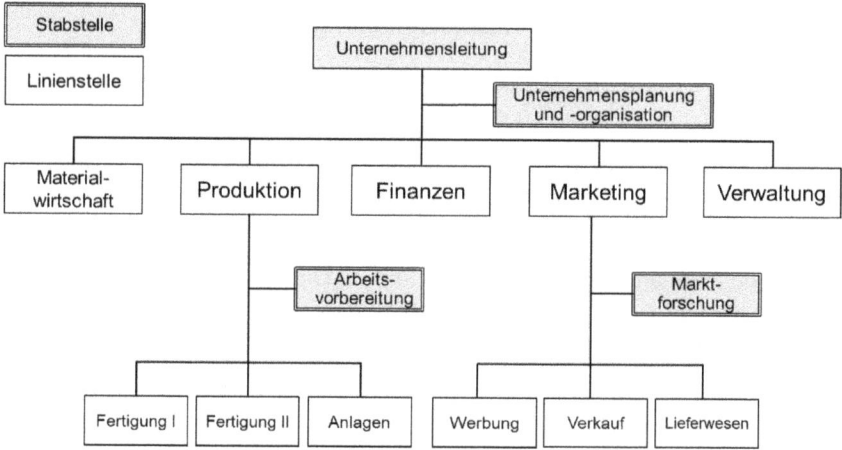

Abbildung 18: Stablinienorganisation[31]

Die Aufgabe der Stabstelle, die über Fachwissen für ein bestimmtes Gebiet verfügt, besteht darin, den ihr zugeordneten Vorgesetzten durch Beratung zu unterstützen und zu entlasten. Eine Stabstelle kann aus einer oder mehreren Personen bestehen. Sie besitzt i.d.R. keine Weisungs- bzw. Leitungsbefugnisse (z.B. Datenschutzbeauftragter, Rechtsstelle, Gleichstellungsbeauftragter).

---

[31] Vgl. Thommen/Achleitner (2009).

Stablienienorganisation	
Vorteile	**Nachteile**
+ Entlastung der Instanzen	- Konfliktpotential zwischen Linie und Stab
+ Stäbe verfügen über hohes Fachwissen	- Unübersichtlichkeit der Entscheidungsprozesse
+ sorgfältigere Entscheidungsfindung	- zusätzliche Personalkosten

Tabelle 18: Vor- und Nachteile einer Stablinienorganisation

Divisionale Organisation

Die **divisionale Organisation** (Spartenorganisation) ist objektorientiert, folglich nach Produktgruppen oder nach einzelnen Produkten gegliedert. Die einzelnen Sparten werden i.d.R. als Profitcenter mit eigener Gewinnverantwortung geführt, handeln als „Unternehmen im Unternehmen" relativ selbständig und sind somit für das operative Geschäft weitestgehend selbst verantwortlich. Die Spartenorganisation ist vor allem bei großen Unternehmen, die in einem komplexen und dynamischen Markt agieren und über ein diversifiziertes Produktangebot verfügen, anzutreffen.

Divisionale Organisation

Vorteile	Nachteile
+ Entlastung der Unternehmensleitung durch Leiter der Sparten	- Konkurrenzkämpfe zwischen den Sparten (z.B. bei der Ressourcenverteilung)
+ hohe Motivation durch größere Autonomie (insb. im Hinblick auf die Gewinnverantwortung)	- Verzicht auf Synergieeffekte, da Abteilungen mehrfach vorhanden
+ Marktnähe, flexible Reaktion auf Marktveränderungen	- hohe Personalkosten durch erhöhten Personal- und Führungskräftebedarf
+ exaktere Erfolgsbeurteilung	- potentielle Differenz zwischen Divisions- und Unternehmenszielen

Tabelle 19: Vor- und Nachteile einer divisionalen Organisation

Matrixorganisation

Die Besonderheit der **Matrixorganisation** liegt darin, dass die Leitungsfunktion auf zwei voneinander unabhängige, jedoch gleichberechtigte Dimensionen (z.B. Funktion und Sparte) aufgeteilt wird.

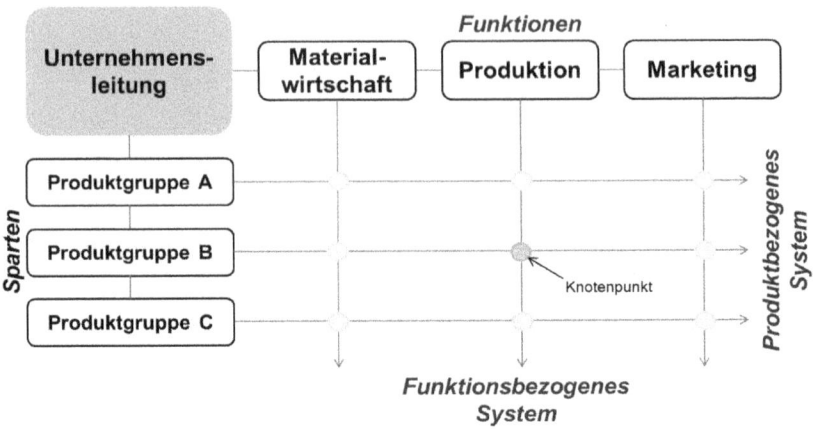

Abbildung 19: Matrixorganisation[32]

Für den betroffenen Mitarbeiter hat dies zu Folge, dass er in zwei gleichrangigen Weisungsbeziehungen steht, siehe „Knotenpunkt" in Abbildung 19 (vgl. Mehrliniensystem). Die Matrixorganisation verbindet die Vorteile aus mehreren Organisationsarten (z.B. Sparten- und Verrichtungsorganisation) und kann insbesondere von Expertenwissen profitieren.

---

[32] Vgl. Thommen/Achleitner (2009).

Matrixorganisation	
Vorteile	**Nachteile**
+ Entlastung der Unternehmensleitung durch Entscheidungsdelegation	- hohes Konfliktpotential
+ Motivation durch Partizipation am Problemlösungsprozess	- unklare Unterstellungsverhältnisse
+ schnelle Problemlösung durch Spezialisierung/Fachwissen	- hoher Kommunikations- und Informationsbedarf
+ bereichsübergreifende Teamarbeit	- schwerfällige Entscheidungsfindung

Tabelle 20: Vor- und Nachteile einer Matrixorganisation

Leitungssysteme

Die Organisationsstruktur eines Unternehmens beinhaltet i.d.R. die Organisationseinheiten: Unternehmensleitung, Bereichsleitung und ausführende Stellen. Die Aufgabe der **Leitungssysteme** besteht darin, die vertikal angeordneten Kommunikationsbeziehungen zwischen diesen Stellen zu definieren, damit die getroffenen Entscheidungen zur Ausführung angeordnet werden und die Ergebnisse sowie alle für die Entscheidungen relevanten Informationen gemeldet werden.[33] Es lassen sich zwei Grundtypen

---

[33] Vgl. hierzu und im Folgenden Thommen/Achleitner (2009), Macharzina/Wolf (2010).

von Leitungsprinzipien unterscheiden: das Einlinien- und das Mehrliniensystem.

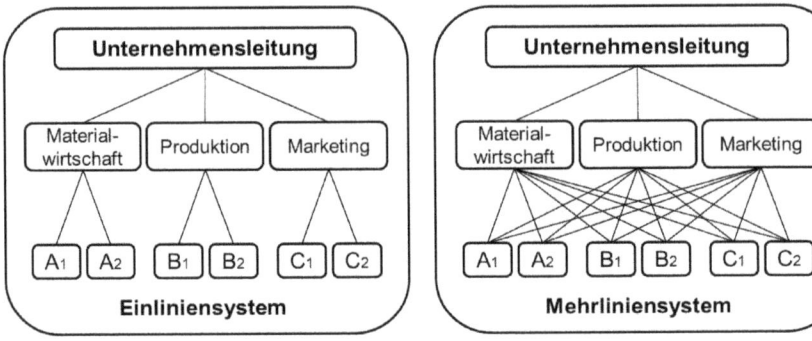

Abbildung 20: Ein- und Mehrliniensystem

Im Rahmen des **Einliniensystems**, dass das Prinzip der Einheit der Auftragserteilung verfolgt, hat jeder Mitarbeiter lediglich einen direkten Vorgesetzten und jeder Vorgesetzte mehrere ihm unterstellte Mitarbeiter. Somit herrschen klare Weisungsbefugnisse und eine klare Berichtsketten, verbunden mit eindeutigen Verantwortlichkeiten und guten Kontrollmöglichkeiten. Besonders gut umsetzbar ist dieses Leitungssystem in kleinen und mittleren Unternehmen, mit einer stabilen und eher bürokratischen Organisationsstruktur. Problematisch wird die Umsetzung des Einliniensystems, wenn die Leitungsspanne (oder das Unternehmen insgesamt) zu groß wird. Durch eine Vielzahl an Hierarchieebenen kommt es zu langen Kommunikationswegen, die wiederum schnelle Entscheidungsprozesse verhindern. Eine Entlastung der Führungskräfte kann durch eine Erweiterung des Einliniensystems um die oben vorgestellten Stabstellen erreicht werden.

Die Mehrfachunterstellung von Stellen wird als **Mehrliniensystem** bezeichnet. Hierbei hat jeder Mitarbeiter mehrere Vorgesetzte, wodurch zwar kurze Kommunikationswege möglich sind (Prinzip des kürzesten Weges) und die

Vorteile der Spezialisierung zum Zuge kommen, jedoch hohes Konfliktpotential im Hinblick auf die Kompetenzen und Verantwortlichkeiten besteht. Aus diesem Grund ist das Mehrlininensystem in Reinform kaum in der Unternehmenspraxis vertreten.

Ablauforganisation

Während das Hauptaugenmerk der Aufbauorganisation auf der statischen Gestaltung unternehmerischer Einheiten, wie Stellen und Abteilungen liegt, beschäftigt sich die **Ablauforganisation** mit der Gestaltung dynamischer Arbeitsprozesse unter Beachtung der zeitlichen Reihenfolge, der räumlichen Gegebenheiten sowie der Sachmittel und der personellen Ressourcen. Die Ausrichtung der Ablauforganisation am unternehmerischen Oberziel der langfristigen Gewinnmaximierung hat die in Tabelle 21 dargestellten Einzelanforderungen zur Folge.[34]

Langfristige Gewinnmaximierung	
Kostenseite	Erlösseite
• Vermeide Leerkosten (bei ungenutzten Kapazitäten) • Senke Durchlaufzeiten • Senke Ausschuss • Vermeide unnötige Transportkosten • Vermeide Lohnzuschläge außerhalb der Normalarbeitszeit	• Sichere vorgegebene Qualitätsstandards • Sichere Einhaltung von Lieferterminen • Sichere die kurzfristige Erfüllung von Kundenwünschen

Tabelle 21: Ablauforganisation

---

[34] Vgl. hierzu und im Folgenden Wöhe (2016).

Die unterschiedlichen Anforderungen, die die Ablauforganisation zu erfüllen hat, können zu Zielkonflikten führen (z.B. Maximierung der Kapazitätsauslastung versus Minimierung der Durchlaufzeiten), die mithilfe von Kosten-Nutzen-Analysen gelöst werden können.

3.2. Aufgaben

Aufgabe 3.1:

Lars Lignum plant neben den traditionell hergestellten Holzmöbeln eine weitere Produktlinie anzubieten, die durch ein modernes 3D-Druckverfahren hergestellt werden soll. Lars geht davon aus, dass die so hergestellten Stühle zu Stückkosten von 2.500 Euro dauerhaft wettbewerbsfähig sind. Bei Produktionsbeginn liegen die Stückkosten jedoch bei 10.000 Euro. Nach wieviel Monaten sind die angestrebten Stückkosten von 2.500 Euro zu erreichen, wenn monatlich 10 Stühle produziert werden und die Stückkosten bei jeder Verdopplung der kumulierten Produktionsmenge um 30% sinken?

Aufgabe 3.2:

Die von Lars und Lisa gegründete Stuhl GmbH bietet mittlerweile vier unterschiedliche Produktgruppen an: 1. Stühle; 2. Tische; 3. Büromöbel; 4. Schemel. Eine Branchenanalyse ergibt folgende Daten:

Produktgruppe	Eigener Marktanteil	Marktanteil Konkurrent	Wachstum
Stühle	30%	20%	4%
Tische	20%	40%	1%
Büromöbel	40%	20%	2%
Schemel	10%	30%	6%

Das durchschnittliche Branchenwachstum beträgt 3%. Führen Sie eine Portfolioanalyse (BCG-Matrix) durch und formulieren Sie für die jeweiligen Produktgruppen entsprechende Normstrategien.

Aufgabe 3.3:

Die von Lars und Lisa gegründete Stuhl GmbH bietet mittlerweile vier unterschiedliche Produktgruppen an: 1. Stühle; 2. Tische; 3. Büromöbel; 4. Schemel. Eine Branchenanalyse ergibt folgende Daten:

Produktgruppe	Eigener Marktanteil	Marktanteil Konkurrent	Wachstum
Stühle	20%	40%	4%
Tische	10%	40%	1%
Büromöbel	50%	40%	2%
Schemel	15%	10%	5%

Das durchschnittliche Branchenwachstum beträgt 6%. Führen Sie eine Portfolioanalyse (BCG-Matrix) durch und formulieren Sie für die jeweiligen Produktgruppen entsprechende Normstrategien.

Aufgabe 3.4:

Die erfolgreiche Entwicklung der Stuhl GmbH führt zu einem starken Unternehmenswachstum. Bereits nach den ersten Monaten muss geeignetes Personal angestellt werden, das die beiden Unternehmensgründer entlasten soll. Dies führt zu einer grundlegenden Diskussion über die geeignete Unternehmensorganisation. Während Lars eine divisionale Organisationsform, die die jeweiligen Produktgruppen abbilden soll, bevorzugt, spricht sich Lisa für eine funktionale Organisation aus. Welche Organisationsform halten Sie für geeignet?

3.3. Lösungen

Lösung Aufgabe 3.1:

Die folgende Tabelle zeigt die Entwicklung der Stückkosten bei einem unterstellten Erfahrungskurveneffekt von 30%. Nach 16 Monaten wird der Wert von 2.500 Euro erstmalig unterschritten:

Monat	Menge	Menge kumuliert	Stückkosten
1	10	10	10.000
2	10	20	7.000
3	10	30	7.000
4	10	40	4.900
5	10	50	4.900
6	10	60	4.900
7	10	70	4.900
8	10	80	3.430
9	10	90	3.430
10	10	100	3.430
11	10	110	3.430
12	10	120	3.430
13	10	130	3.430
14	10	140	3.430
15	10	150	3.430
16	10	160	2.401

Lösung Aufgabe 3.2:

Es ergeben sich folgende relative Marktanteile (eigener Marktanteil / Marktanteil größter Konkurrent):

Produktgruppe	relativer Marktanteil
Stühle	1,50
Tische	0,50
Büromöbel	2,00
Schemel	0,33

In Kombination mit den jeweiligen Wachstumsraten ergibt sich somit das Portfolio der Produktgruppen:

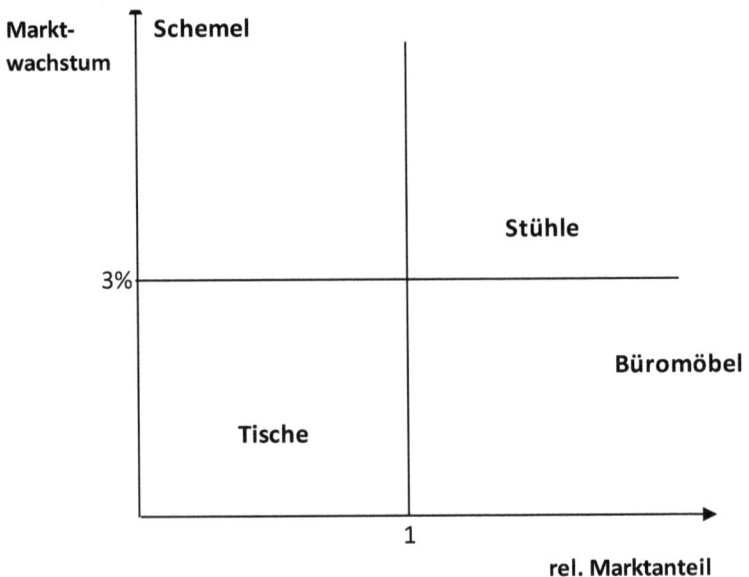

Normstrategien:

Stühle: Stars / Wachstumsstrategie

Tische: Poor Dog / Desinvestitionsstrategie

Büromöbel: Cash Cow / Abschöpfungsstrategie

Schemel: Question Mark / Offensivstrategie

Das Produktportfolio ist relativ ausgewogen, unterschiedliche Lebenszyklusphasen sind vertreten.

Lösung Aufgabe 3.3:

Es ergeben sich folgende relative Marktanteile (eigener Marktanteil / Marktanteil größter Konkurrent):

Produktgruppe	relativer Marktanteil
Stühle	0,50
Tische	0,25
Büromöbel	1,25
Schemel	1,50

In Kombination mit den jeweiligen Wachstumsraten ergibt sich somit das Portfolio der Produktgruppen:

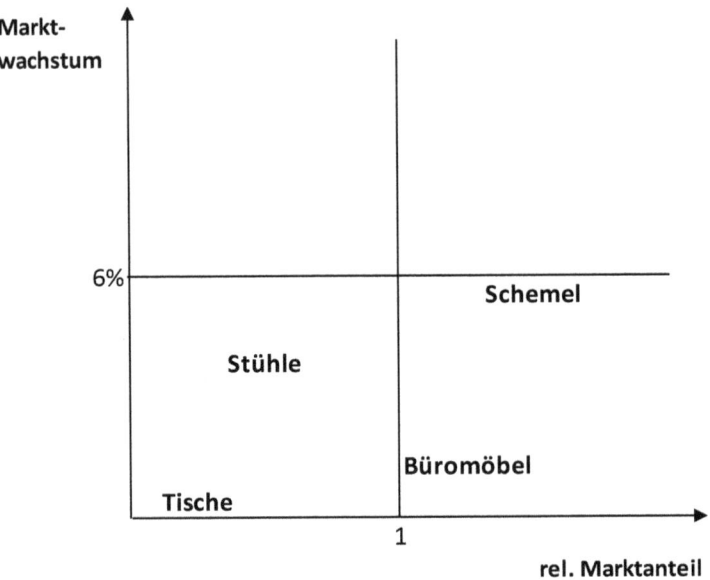

Normstrategien:

Stühle: Poor Dog / Desinvestitionsstrategie

Tische: Poor Dog / Desinvestitionsstrategie

Büromöbel: Cash Cow / Abschöpfungsstrategie

Schemel: Cash Cow / Abschöpfungsstrategie

Das Produktportfolio ist nicht ausgewogen. Es fehlen attraktive Produktgruppen mit Entwicklungspotenzial.

Lösung Aufgabe 3.4:

Je größer, komplexer und insbesondere heterogener das Produktportfolio eines Unternehmens ist, desto eher macht eine divisionale Organisationsform Sinn. Da die Stuhl GmbH ein kleines Unternehmen in der Gründungsphase ist und sich die einzelnen Produkte, in Hinblick auf den Ressourceneinsatz, nicht erheblich voneinander unterscheiden, ist eine funktionale Organisation zu empfehlen.

4. Personalmanagement

4.1. Grundlagen

Unter **Personalmanagement** (auch Human Resource Management, HRM) können alle Aktivitäten einer Unternehmung zusammengefasst werden, die auf die Bereitstellung und den zielorientierten Einsatz von Humanressourcen ausgerichtet sind.[35] Zu diesen Aktivitäten, die sich aus der Prozesslogik der Personalarbeit ergeben und die eng mit dem Mitarbeiterlebenszyklus verbunden sind, gehören die in der Abbildung 21 dargestellten Human-Resources-Prozesse.

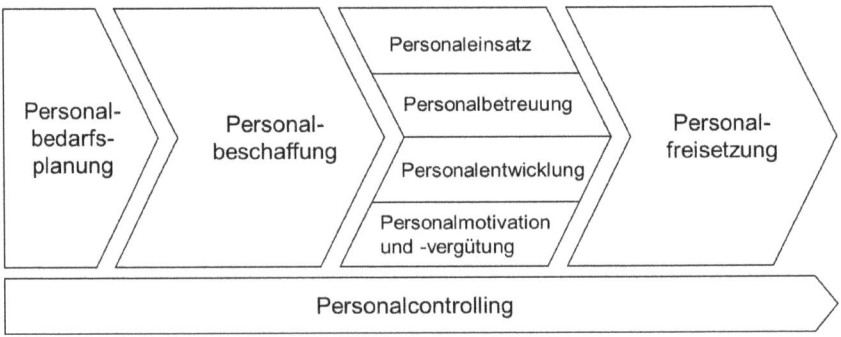

Abbildung 21: Human-Resources-Prozesse

Die Aufgabe der **Personalbedarfsplanung** besteht darin, den derzeitigen und künftigen Bedarf an Führungskräften und Mitarbeitern eines Unternehmens zu bestimmen. Dabei stehen die folgenden Fragen im Vordergrund:

- Wie viele Mitarbeiter (quantitativ),
- welcher Qualifikation (qualitativ),

---

[35] Vgl. hierzu und im Folgenden Scholz (2000), Wöhe (2016), Thommen/Achleitner (2009).

- zu welchem Zeitpunkt (zeitlich),

- und an welchen Orten (örtlich)

sind erforderlich, um das geplante Produktions- bzw. Leistungsprogramm im Sinne der Unternehmensziele realisieren zu können. Der Nettopersonalbedarf wird wie folgt berechnet:

Bruttopersonalbedarf im Zeitpunkt t_i (= Soll-Personalbestand in t_i)
./. Personalbestand im Zeitpunkt t_0
+ Personalabgänge im Zeitraum t_0 bis t_i
• feststehende Abgänge (Pensionierungen, Kündigungen)
• statistisch zu erwartende Abgänge (Invalidität, Todesfälle)
./. Personalzugänge (feststehend) im Zeitraum t_0 bis t_i
= Nettopersonalbedarf

Tabelle 22: Nettopersonalbedarf[36]

Der Personalbedarf richtet sich nach dem Leistungsprogramm der Unternehmung und wird darüber hinaus von externen und internen Einflussfaktoren determiniert.

---

[36] Vgl. Thommen/Achleitner (2009).

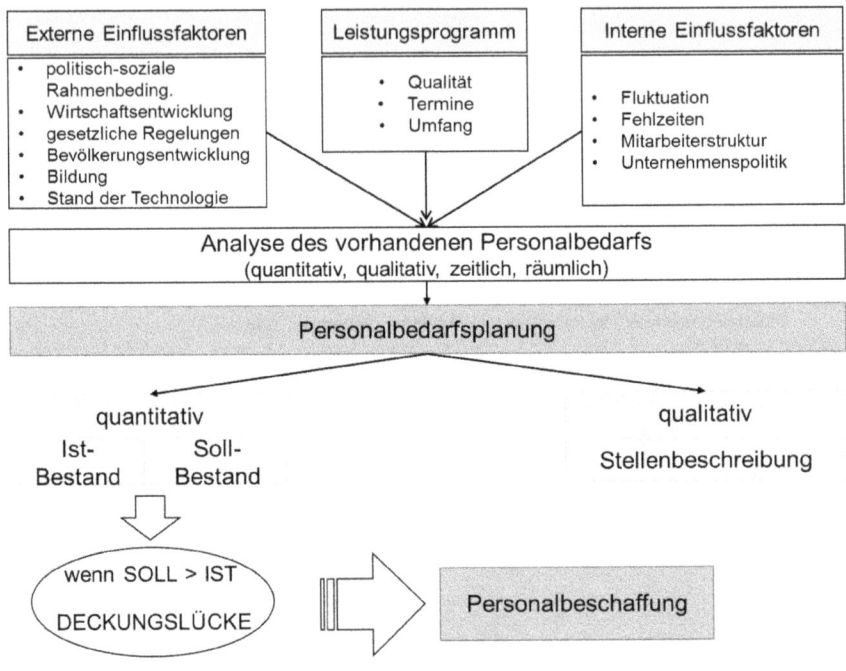

Abbildung 22: Personalbedarfsplanung[37]

Die Personalbedarfsplanung kann sowohl in quantitativer als auch in qualitativer Hinsicht erfolgen. Die Ermittlung des **quantitativen Personalbedarfs** ist mit einigen Herausforderungen verbunden. Zu nennen sind zum einen Schwierigkeiten bei der Festlegung der Vorgabezeiten für bestimmte Tätigkeiten (z.B. kreative Aufgaben, Führungsaufgaben) und zum anderen wesentliche Unsicherheiten in Bezug auf Fehlzeiten der Mitarbeiter (z.B. Urlaub, Krankheit, Weiterbildung). Eine weitere Unsicherheit verursacht die Personalfluktuation, die sowohl die unfreiwilligen (Kündigung des

---

[37] Vgl. Jung (2017), Wöhe (2016).

Unternehmens) als auch die freiwilligen (Kündigungen der Mitarbeiter) sowie die alters-, invaliditäts- oder todesbedingten Veränderungen beinhaltet.

Die **qualitative Personalbedarfsplanung** erfolgt mit Hilfe der Stellenbeschreibung, die die Führungs- und Leistungsanforderungen an eine Stelle bzw. einen Arbeitsplatz sowie deren Einordnung in die Organisationsstruktur festlegt. Stellt sich bei der Personalbedarfsermittlung heraus, dass der Soll-Personalbestand größer ist als der Ist-Personalbestand und somit mit einer personellen Unterdeckung in quantitativer, qualitativer, zeitlicher oder örtlicher Hinsicht zu rechnen ist, so übernimmt die **Personalbeschaffung** die Aufgabe, diese Deckungslücke zu schließen.

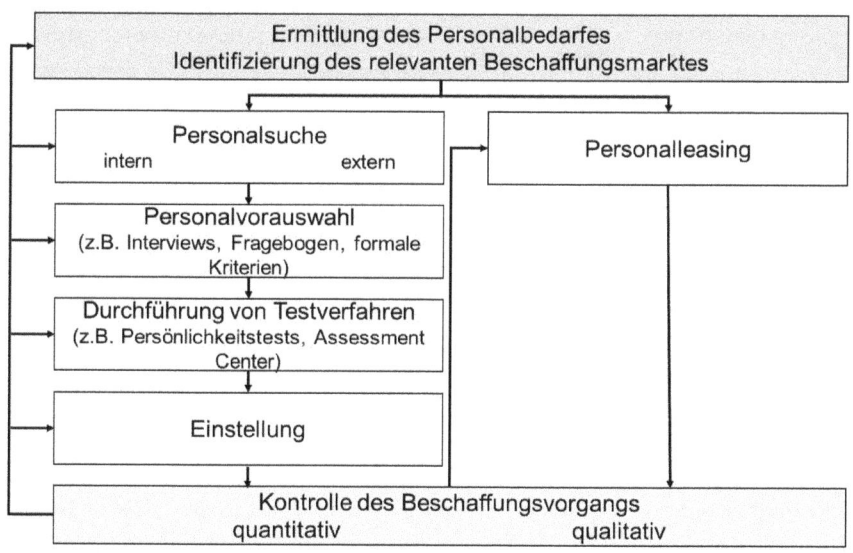

Abbildung 23: Ablauf der Personalbeschaffung[38]

---

[38] Vgl. Scholz (2000).

Zunächst wird der relevante Beschaffungsmarkt festgelegt. Grundsätzlich können zwei Beschaffungswege unterschieden werden. Die **interne Personalbeschaffung** findet innerhalb des Unternehmens statt und kann in Form von Personalentwicklung, Versetzungen oder internen Stellenausschreibungen durchgeführt werden. Die **externe Personalbeschaffung** erfolgt außerhalb des Unternehmens und ist darauf ausgerichtet, geeignete Bewerber vom Arbeitsmarkt für das Unternehmen zu rekrutieren.

Merkmal	Unternehmensinterne Beschaffung	Unternehmensexterne Beschaffung
Beschaffungskosten und Beschaffungszeit	• Geringe Such- und Auswahlkosten • Schnelle Verfügbarkeit	• Hohe Such- und Auswahlkosten • Verzögerte Verfügbarkeit
Einarbeitungskosten	Geringe Kosten, da Personal mit dem Betrieb vertraut	• Hohe Kosten, da Personal betriebsfremd
Auswahlspektrum	Eng; auf verfügbares eigenes Personal begrenzt	• Weit; Fachkräftepotential des (über)regionalen Marktes
Chancen und Risiken	+ Fähigkeiten und Persönlichkeitsstruktur bekannt - Gefahr durch Betriebsblindheit	+ Import neuer Ideen - Gefahr des „Fehlgriffs"
Instrumente	• Innerbetriebliche Stellenanzeige • Personalentwicklung • Mehrarbeit • Urlaubsverschiebung	• Arbeitsamt • Stellenanzeigen • Personalagenturen • Personalleasing

Tabelle 23: Gegenüberstellung der Beschaffungswege[39]

Darüber hinaus kann das Personal im Rahmen des **Personalleasings** bzw. der Arbeitnehmerüberlassung beschafft werden. In diesem Fall wird der Leiharbeitnehmer von einem Verleiher einem Dritten gegen Gebühr für eine begrenzte Zeit überlassen. Diese Art der Personalbeschaffung ist besonders zur Deckung kurzfristiger Personalengpässe geeignet.

---

[39] Vgl. Wöhe (2016).

Stehen dem Unternehmen mehrere Bewerber zur Verfügung, wird eine **Personalvorauswahl**, z.B. mit Hilfe von Interviews oder formalen Kriterien sowie u.U. weiterer psychologischer Testverfahren (z.B. Assessment Center) durchgeführt. Eine gründliche Auswahl des geeigneten Kandidaten für die zu besetzende Stelle hat insbesondere vor dem Hintergrund hoher Kosten, die eine Fehlentscheidung zur Folge hat, besondere Relevanz. Im Anschluss an die Einstellung erfolgt die qualitative und quantitative Kontrolle des Personalbeschaffungsvorgangs.

Die Aufgabe des nachfolgenden **Personaleinsatzes** besteht in der Zusammenführung von Mitarbeitern und Stellen in qualitativer, quantitativer, zeitlicher und örtlicher Hinsicht. Dabei wird das Ziel verfolgt, eine möglichst genaue Übereinstimmung zwischen dem Anforderungs- und Qualifikationsprofil sowie eine kurzfristige Deckung des ermittelten Personalbedarfs zu erreichen. Im Falle einer fehlenden Deckung zwischen Anforderungen und Qualifikationen, können die in Tab. 24 dargestellten Maßnahmen eingesetzt werden.

Anforderungen > Qualifikationen	Anforderungen < Qualifikationen
• Personalentwicklung	• Beförderung
• Stellenwechsel/Versetzung	• Stellenwechsel/Versetzung
• Reduktion der Anforderungen durch Arbeitsteilung	• Job enlargement
• Freisetzung	• Job enrichment

Tabelle 24: Vergleich Anforderungsprofils / Qualifikationsprofil

Eine besondere Bedeutung kommt der **Personalentwicklung** zu, die alle Maßnahmen beinhaltet, die auf die systematische Bildung und Förderung der Mitarbeiter gerichtet sind. Dabei wird das Ziel verfolgt, Qualifikationen zu vermitteln, die zur Wahrnehmung der gegenwärtigen und zukünftigen Aufgaben notwendig sind, um dadurch eine Veränderung des Qualifikationsprofils in Richtung eines definierten Anforderungsprofils zu erreichen.

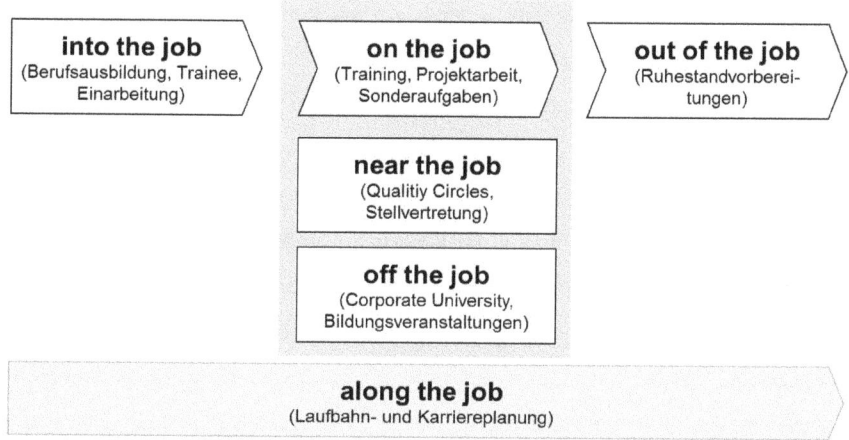

Abbildung 24: Personalentwicklungsaktivitäten[40]

Grundsätzlich kann die Personalentwicklung in zwei Bereiche unterteilt werden:

- **Laufbahnplanung** (Karriereplanung): Festlegung einer bestimmten Reihenfolge von Stellen, die für den betreffenden Mitarbeiter vorgesehen sind.

- **Personalaus- und -weiterbildung**: betriebliche Grundausbildung und betriebliche Weiter- oder Fortbildung.

Die Personalentwicklungsaktivitäten orientieren sich situativ an den Vorgaben der Unternehmens- und Personalpolitik. Es können die in Abb. 24 dargestellten Instrumente und Maßnahmen der Personalentwicklung unterschieden werden, wobei noch weitere Kriterien, wie z.B. Dauer und Häufigkeit der Ausbildung, rechtlicher Rahmen, Internationalität des Unternehmens und die verwendete Lernmethode berücksichtigt werden sollen.

---

[40] Vgl. Scholz (2000).

Aufgabe der **Personalvergütung** ist es, materielle Anreize zu schaffen, die das Unternehmen den Mitarbeitern in Form des Arbeitsentgeltes als Ausgleich für die geleistete Arbeit gewährt. Im Bereich der Personalhonorierung sind Vergütungs- sowie Zielvereinbarungssysteme festzulegen, wobei eine Gegenüberstellung der individuellen Bedürfnisse der Mitarbeiter und der Unternehmensziele unumgänglich ist. Im Sinne der Anreiz-Beitrags-Theorie soll ein Gleichgewicht zwischen dem Anreiz (z.B. Entlohnung, Prestige) und dem Beitrag (Arbeitsleistung) hergestellt bzw. aufrechterhalten werden. Demnach leisten Individuen nur solange Beiträge, wie sie die gebotenen Anreize als mindestens gleich groß oder größer als ihre Beiträge wahrnehmen. Das Unternehmen kann dabei auf Motivationsinstrumente monetärer (z.B. Arbeitsentgelt, Erfolgsbeteiligung) und nichtmonetärer Art (z.B. Aufstiegsmöglichkeiten, Führungsstil) zurückgreifen, mit deren Hilfe der Unternehmenserfolg durch die Erhöhung der Arbeitszufriedenheit und die Verbesserung der individuellen Leistungsbereitschaft der Mitarbeiter gesteigert werden kann.

Den Ausgangspunkt für die **Personalfreisetzung** bildet ein negativer Personalnettobedarf als Differenz aus Personalbestand und -bedarf (vgl. Personalbedarfsplanung). Mit der Personalfreisetzung sind alle Aktivitäten gemeint, die auf die Vermeidung oder Beseitigung von personellen Überkapazitäten in quantitativer, qualitativer, zeitlicher und örtlicher Hinsicht gerichtet sind. Abb. 25 zeigt einen Überblick über die Möglichkeiten der Personalfreisetzung.

Personalmanagement

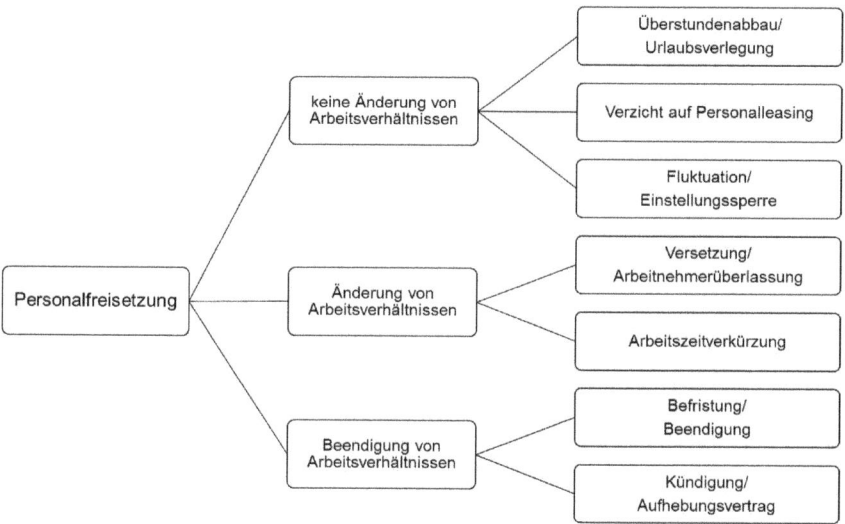

Abbildung 25: Personalfreisetzung[41]

---
[41] Vgl. Wöhe (2016).

4.2. Aufgaben

Aufgabe 4.1:

Lisa Lignum, die die Verantwortung für das Personal trägt, stellt fest, dass das Qualifikationsprofil einiger Mitarbeiter nicht den Anforderungen des Betriebsalltages genügt. Nehmen Sie kritisch zu den zur Verfügung stehenden Optionen Stellung.

4.3. Lösungen

Lösung Aufgabe 4.1:

Handlungsmöglichkeiten:

1. Personalentwicklung: Durch geeignete Fort- und Weiterbildungsmaßnahmen das Qualifikationsniveau der Mitarbeiter erhöhen.

2. Stellenwechsel/Versetzung: Durch Wechsel der Stelle Anforderungsniveau und Qualifikationsprofil in Übereinstimmung bringen. Bei kleineren Unternehmen wird diese Möglichkeit durch die verfügbare Anzahl geeigneter Stellen stark begrenzt.

3. Reduktion der Anforderungen: Bündelung von Arbeitsinhalten, die dem Qualifikationsprofil des Mitarbeiters entsprechen. Komplexere Tätigkeiten werden auf qualifiziertere Stellen delegiert. Bei kleineren Unternehmen wird auch diese Option durch die verfügbare Anzahl geeigneter Stellen stark begrenzt.

4. Freisetzung: Letzte Maßnahme, wenn alle anderen Optionen ausgeschlossen sind. Zu Bedenken ist, dass eine Neubesetzung mit geeignetem Personal mit hohen Beschaffungskosten, einer langen Beschaffungsdauer sowie Einarbeitungsaufwand verbunden sein kann.

5. Produktion

5.1. Grundlagen

Produktion kann als Kombination von Produktionsfaktoren im Prozess der betrieblichen Leistungserstellung definiert werden und stellt somit eine betriebliche Hauptfunktion dar.[42] Im weiteren Sinne umfasst die Produktion die Bereiche Beschaffung, Transport, Lagerhaltung und Fertigung (vgl. Abbildung 26).

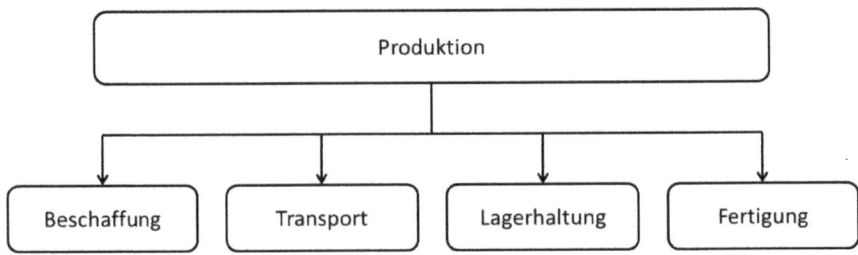

Abbildung 26: Teilbereiche der Produktion[43]

Das Ziel der **Produktionstheorie** ist es, funktionale Zusammenhänge zwischen der Menge der eingesetzten Produktionsfaktoren und der Menge der damit hergestellten Produkte aufzeigen. Produktionsfunktionen zeigen die Beziehung zwischen technisch effizienten Faktoreinsatzkombinationen und Ausbringungsmenge. Beispielsweise beschreibt die Produktionsfunktion $y=4x$ den Zusammenhang zwischen der benötigten Menge an Tischbeinen und der damit herstellbaren Menge an Tischen. Eine Produktion wird als technisch effizient angesehen, wenn das ökonomische Prinzip eingehalten wird. Es ist in diesem Fall nicht möglich, eine gegebene Ausbringungsmenge bei

---

[42] Vgl. Kummer (2018).

[43] Vgl. Wöhe (2016).

Verminderung der Einsatzmenge eines Produktionsfaktors herzustellen, ohne die Einsatzmenge mindestens eines weiteren Produktionsfaktors zu erhöhen. Ebenso ist es nicht möglich, mit einer gegebenen Einsatzmenge jedes Produktionsfaktors eine höhere Ausbringungsmenge herzustellen. **Substitutionale** Produktionsfunktion zeichnen sich dadurch aus, dass Produktionsfaktoren gegeneinander ersetzt werden können. So können beispielsweise in der Landwirtschaft die Produktionsfaktoren „Fläche" und „Dünger" jeweils durch den anderen Faktor substituiert werden. Hingegen stehen bei **limitationalen** Produktionsfunktion die Produktionsfaktoren in einem festen Faktoreinsatzverhältnis zueinander. Für die Herstellung eines Tisches werden exakt vier Tischbeine benötigt. Ein Tischbein kann nicht durch eine weitere Tischplatte ersetzt werden.

Werden die Produktionsfaktoren mit ihren jeweiligen Preisen bewertet, so kann eine Produktionsfunktion in eine Kostenfunktion überführt werden. Das Ziel der **Kostentheorie** ist es, funktionale Beziehungen zwischen Ausbringungsmenge und den durch die Produktion verursachten Kosten aufzuzeigen. In der Kostentheorie werden unterschiedliche Kostenarten unterschieden. **Fixkosten** (Bereitschaftskosten) sind Kosten, die unabhängig von der Ausbringungsmenge sind und somit auch bei einer Ausbringungsmenge von Null anfallen. **Variable Kosten** (Mengenkosten) sind Kosten, deren Höhe von der Ausbringungsmenge abhängig ist. **Grenzkosten** sind die Kosten, die für die letzte erstellte Produkteinheit anfallen. Mathematisch handelt es sich dabei um die erste Ableitung der Kostenfunktion. **Durchschnittskosten** (Stückkosten) ergeben sich als Quotient aus den Gesamtkosten und der Ausbringungsmenge. Der idealtypische, lineare Verlauf der Gesamtkostenfunktion ist Abbildung 27 zu entnehmen.

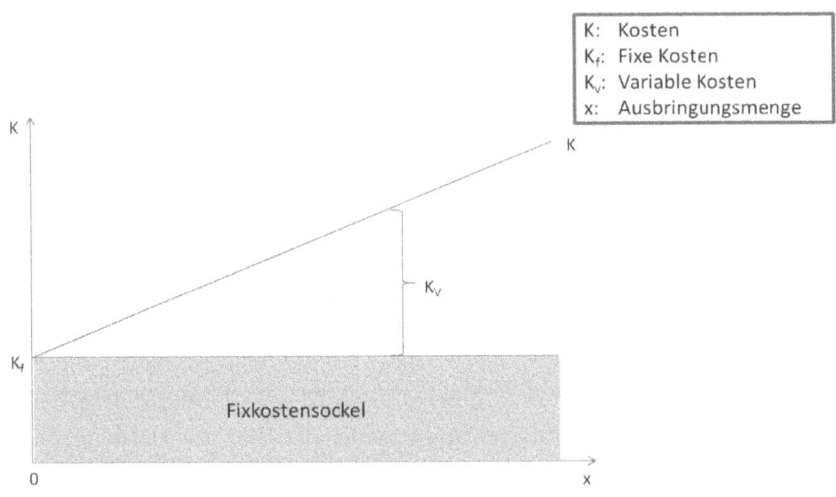

Abbildung 27: Gesamtkostenfunktion[44]

Die in einem Unternehmen entstehenden Gesamtkosten werden von einer Vielzahl unterschiedlichster Einflussgrößen determiniert (vgl. Tabelle 25). Beeinflussbare Parameter des Produktionsbereiches sind z.B. das Produktionsprogramm, die Faktorqualität oder die Faktorpreise. Übergeordnete, ebenfalls beeinflussbare Parameter ergeben sich aus der Absatzpolitik, der Finanzierungsstrategie oder der Forschung & Entwicklung. Darüber hinaus existieren unternehmensexterne Parameter, die durch die Unternehmensführung nicht beeinflusst werden können. Hierunter fallen evtl. die Faktorpreise, die Steuersätze, rechtliche Rahmenbedingungen und Umweltentwicklungen.

---

[44] Vgl. Wöhe (2016).

Kostendeterminanten		
Aktionsvariablen im Produktionsbereich	Aktionsvariablen in den anderen Bereichen	Daten (=nicht beeinflussbare Faktoren)
(1) Betriebsgröße	(1) Absatzpolitik	(1) Faktorpreise
(2) Produktionsprogramm	(2) Finanzierung	(2) Steuersätze
(3) Beschäftigung	(3) Forschen und Entwicklung	(3) Arbeitstage je Periode
(4) Produktionsbedingungen	.....	(4) Eigenschaften der Produktionsfaktoren
(5) Faktorqualität	.....	(5) Rechtliche Rahmen-Bedingungen
(6) Faktorpreise	.....	.....

Tabelle 25: Kostendeterminanten[45]

Die ABC-Analyse basiert auf dem Pareto-Prinzip und dient der Klassifikation von Objekten zu einer der drei Gruppen A, B und C. Die Zuordnung erfolgt anhand von zwei frei wählbaren Dimensionen. Im Bereich der Materialwirtschaft bzw. Lagerhaltung können Materialien in Abhängigkeit ihres Wert- und Mengenanteils klassifiziert werden (vgl. Abbildung 28). Die Gruppe A besteht dann aus Materialien, die einen geringen Anteil an der gesamten Materialmenge repräsentieren, jedoch mit einem hohen Wert verbunden sind. In einem Unternehmen der Automobilwirtschaft könnten dies die Motoren sein. Material der Gruppe B zeichnet sich dadurch aus, dass Wert- und Mengenanteile sich ähneln. Dies könnten beispielsweise eingelagerte Räder sein. Die Materialien der Gruppe C stehen für den größten Mengenanteil, der jedoch nur einen geringen Wert darstellt. Exemplarisch zu nennen sind hier Schrauben oder Nägel.

---

[45] Vgl. Wöhe (2016).

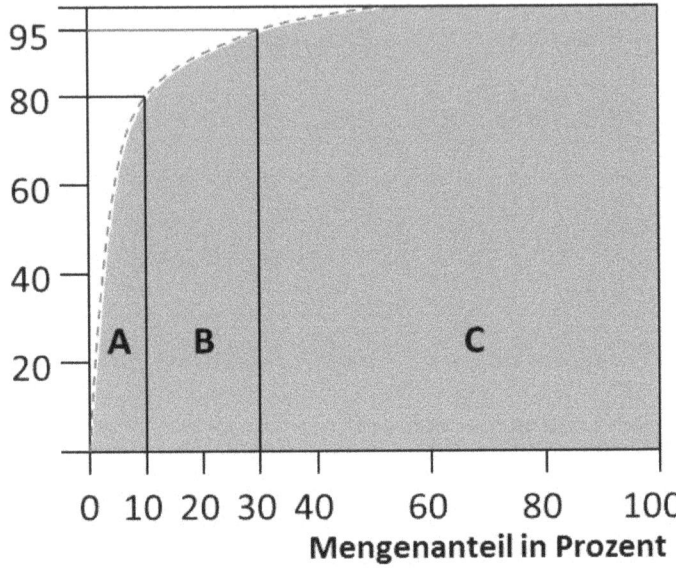

Abbildung 28: ABC-Analyse[46]

Die Ermittlung der optimalen Bestellmenge stellt ein klassisches Problem der Betriebswirtschaftslehre dar. Die Gesamtkosten der Beschaffung ergeben sich aus den drei Komponenten: 1) unmittelbare Beschaffungskosten; 2) mittelbare Beschaffungskosten und 3) Lagerkosten (vgl. Tabelle 26). Das Optimierungsproblem resultiert daraus, dass die mittelbaren Beschaffungskosten mit zunehmender Anzahl an Bestellungen steigen, die Lagerkosten hingegen abnehmen. Bei einer verringerten Anzahl an Bestellungen in einer Periode gilt der entgegengesetzte Zusammenhang.

---

[46] Vgl. Wöhe (2016).

Gesamtkosten	Unmittelbare Beschaffungskosten	Mittelbare Beschaffungskosten	Lagerkosten
K	B*p	$K_f/m*B$	(m*p)/2*i

Tabelle 26: Gesamtkosten der Beschaffung

Es gilt:

K = Gesamtkosten der Beschaffung pro Periode

B = Bedarf pro Periode

p = Preis pro Mengeneinheit

K_f = Bestellfixe Kosten pro Bestellung

m = Bestellmenge

i = Kapitalkosten

Die optimale Bestellmenge ist diejenige, die mit minimalen Kosten verbunden ist. Gesucht ist also das Minimum der Gesamtkostenfunktion. Hierzu wird die erste partielle Ableitung der Gesamtkostenfunktion nach der Bestellmenge m ermittelt und gleich Null gesetzt.

5.2. Aufgaben

Aufgabe 5.1:

Die im 3D-Druckverfahren hergestellten Stühle bestehen aus zwei Kunststoffarten R1 und R2. Diese sind beliebig substituierbar gemäß: $R2 = R1^{(-2)}$. R1 verursacht pro Mengeneinheit Kosten von 100 Euro, R2 verursacht pro Mengeneinheit Kosten von 5 Euro. Bestimmen Sie die optimale Kombination der Produktionsfaktoren.

Aufgabe 5.2:

Die im 3D-Druckverfahren hergestellten Stühle bestehen aus zwei Kunststoffarten R1 und R2. Diese sind beliebig substituierbar gemäß: $R2 = R1^{(-2)}$. R1 verursacht pro Mengeneinheit Kosten von 50 Euro, R2 verursacht pro Mengeneinheit Kosten von 10 Euro. Bestimmen Sie die optimale Kombination der Produktionsfaktoren.

Aufgabe 5.3:

In der letzten Planungsperiode fielen in der Stuhl GmbH folgende Kosten in Euro an:

Personal	15.000
Abschreibungen	5.000
Miete	4.000
Versicherungen	1.500
Sonstiges	2.500
Material (je Stuhl)	250

Der Verkaufspreis je Stuhl beträgt 950 Euro. Bestimmen Sie die Gesamtkostenfunktion und berechnen Sie die Gewinnschwelle.

Aufgabe 5.4:

Eine Lagerinventur ergibt folgende Übersicht:

Artikel	Lagerbestand Stck.	Preis pro Stck.	Wert
1. Holzbeine	100	2,00	200
2. Holzplatten	80	2,00	160
3. Schrauben	1.500	0,05	75
4. Nägel	3.100	0,02	62
5. Holzleisten	300	0,50	150
6. Bohrer	10	40,00	400
7. Sägeblätter	20	35,00	700

Zur Verbesserung des Bestell- und Lagerhaltungsmanagements soll eine ABC-Analyse (Pareto-Analyse) durchgeführt werden.

Aufgabe 5.5:

In der nächsten Periode sollen insgesamt 2.500 Stühle hergestellt werden. Ein Stuhlbein kostet 100 Euro. Die bestellfixen Kosten pro Bestellung liegen bei 500 Euro. Die Kapitalkosten liegen bei 10%. Berechnen Sie die optimale Bestellmenge. Wie verändert sich die optimale Bestellmenge, wenn die Kapitalkosten auf 5% fallen?

Aufgabe 5.6:

In der nächsten Periode sollen insgesamt 3.750 Stühle hergestellt werden. Eine Sitzfläche kostet 20 Euro. Die bestellfixen Kosten pro Bestellung liegen bei 750 Euro. Die Kapitalkosten liegen bei 8%. Berechnen Sie die optimale Bestellmenge.

Aufgabe 5.7:

In einer Periode wurden insgesamt 4.000 Stuhlbeine, verteilt auf vier Bestellungen, bezogen. Die bestellfixen Kosten pro Bestellung liegen bei 100 Euro. Die Kapitalkosten liegen bei 10%. Ermitteln Sie die Kosten pro Stuhlbein.

Produktion

5.3. Lösungen

Lösung Aufgabe 5.1:

Die Substitutionsfunktion (Isoquante) lautet: $R2=R1^{\wedge}(-2)$

Die Kostenfunktion lautet $K=100R1+5R2$ bzw. $R2=-20R1+K/5$

Gesucht ist der Punkt (Kombination R1/R2) an dem die Steigung der Substitutionsfunktion der Steigung der Kostenfunktion entspricht:

Ableitung Substitutionsfunktion $R2`=-2R1^{\wedge}(-3)$

Ableitung Kostenfunktion $R2`=-20$

Gleichsetzen der beiden Ableitungen ergibt für R1 den Wert: 0,4642. Durch Einsetzen in die Substitutionsfunktion erhält man für R2 den Wert: 4,6416.

Lösung Aufgabe 5.2:

Die Substitutionsfunktion (Isoquante) lautet: $R2=R1^{\wedge}(-2)$

Die Kostenfunktion lautet $K=50R1+10R2$ bzw. $R2=-5R1+K/10$

Gesucht ist der Punkt (Kombination R1/R2) an dem die Steigung der Substitutionsfunktion der Steigung der Kostenfunktion entspricht:

Ableitung Substitutionsfunktion $R2`=-2R1^{\wedge}(-3)$

Ableitung Kostenfunktion $R2`=-5$

Gleichsetzen der beiden Ableitungen ergibt für R1 den Wert: 0,7368. Durch Einsetzen in die Substitutionsfunktion erhält man für R2 den Wert: 1,842.

Lösung Aufgabe 5.3:

Zunächst sind die Kosten auf die Kategorien „Fixkosten" und „variable Kosten" zu verteilen:

Personal	15.000	fix
Abschreibungen	5.000	fix
Miete	4.000	fix
Versicherungen	1.500	fix
Sonstiges	2.500	fix
Material (je Stuhl)	250	var
Fixkosten:	28.000	
Variable Kosten:	250	

Die Kostenfunktion lautet somit: $K=250x+28.000$. Die Umsatzfunktion lautet $U=950x$. Die Gewinnschwelle (break-even point) ergibt sich graphisch aus dem Schnittpunkt der beiden Funktionen, rechnerisch durch das Gleichsetzen der beiden Funktionen und Auflösen nach x:

$U=K$

$950x = 250x+28.000$ somit $x = 40$

Lösung Aufgabe 5.4:

Zunächst sind die relativen Mengen- und Wertanteile der einzelnen Artikel zu berechnen. Anschließend können die Artikel gemäß des relativen Wertanteils in eine Rangfolge gebracht werden:

Artikel	Bestand Stck.	Preis Stck.	Wert	Mengenanteil	Wertanteil	Rang
1. Holzbeine	100	2,00	200	1,96%	11,45%	3
2. Holzplatten	80	2,00	160	1,57%	9,16%	4
3. Schrauben	1.500	0,05	75	29,35%	4,29%	6
4. Nägel	3.100	0,02	62	60,67%	3,55%	7
5. Holzleisten	300	0,50	150	5,87%	8,59%	5
6. Bohrer	10	40,00	400	0,20%	22,90%	2
7. Sägeblätter	20	35,00	700	0,39%	40,07%	1
Summe:	5.110		1.747	100%	100%	

In ansteigender Reihenfolge werden die einzelnen Artikel den übergeordneten Kategorien (A,B,C) zugeordnet. Es ist zu beachten, dass bei der Zuordnung ein gewisser Ermessensspielraum bestehen kann:

Kategorie	Artikel	Wertanteil	Mengenanteil
A	7./6.	62,97%	0,59%
B	1./2./5.	29,19%	9,39%
C	3./4.	7,84%	90,02%

Lösung Aufgabe 5.5:

Die Gesamtkosten der Beschaffung ergeben sich aus den drei Komponenten: 1) unmittelbare Beschaffungskosten; 2) mittelbare Beschaffungskosten und 3) Lagerkosten:

Gesamtkosten	Unmittelbare Beschaffungskosten	Mittelbare Beschaffungskosten	Lagerkosten
K	$B*p$	$K_f/m*B$	$(m*p)/2*i$

Es gilt:

K = Gesamtkosten der Beschaffung pro Periode

B = Bedarf pro Periode

p = Preis pro Mengeneinheit

K_f = Bestellfixe Kosten pro Bestellung

m = Bestellmenge

i = Kapitalkosten

Die optimale Bestellmenge ist diejenige, die mit minimalen Kosten verbunden ist. Gesucht ist also das Minimum der Gesamtkostenfunktion. Hierzu wird die erste partielle Ableitung der Gesamtkostenfunktion nach der Bestellmenge m ermittelt und gleich Null gesetzt:

$dK/dm = -B*K_f/m^2 + p*i/2 = 0 \rightarrow m = (2*B*K_f/p*i)^{1/2}$

B = 2500 * 4

m = (2*10.000*500/100*0,1)^1/2 = 1.000 Stück

Um das Kostenminimum zu erreichen, sollte die gesamte Bestellmenge von 10.000 Stück somit auf zehn Bestellungen zu jeweils 1.000 Stück verteilt werden.

Wenn die Kapitalkosten auf 5% sinken:

m = (2*10.000*500/100*0,05)^1/2 = 1.414,21 Stück

Um das Kostenminimum zu erreichen, sollte die gesamte Bestellmenge von 2.500 Stück somit auf 7,07 Bestellungen zu jeweils 1.414,21 Stück verteilt werden. (In der Praxis würde selbstverständlich auf ganze Bestellungen bzw. Stück gerundet.) Die Reduktion der Kapitalkosten führt zu größeren Bestellmengen und weniger Bestellungen, da die Lagerhaltung kosteneffizienter wird.

Lösung Aufgabe 5.6:

m = (2*3750*750/20*0,08)^1/2 = 1.875 Stück

Um das Kostenminimum zu erreichen, sollte die gesamte Bestellmenge von 3.750 Stück somit auf zwei Bestellungen zu jeweils 1.875 Stück verteilt werden.

Lösung Aufgabe 5.7:

Die Formel zu Bestimmung der optimalen Bestellmenge wird nach p aufgelöst:

m = (2*B*K_f/p*i)^1/2 -> p = (2*B*K_f)/(m^2*i)

p = (2*4000*100)/(1000^2*0,1) = 8

Die Kosten (Preis) pro Stuhlbein liegen somit bei 8 Euro.

6. Marketing

6.1. Grundlagen

Es existieren in der Betriebswirtschaftslehre unterschiedlich weit gefasste Definitionen des Marketing-Begriffs. In der historischen Entwicklung wurde Marketing zunächst als gleichberechtigter Funktionsbereich innerhalb eines Unternehmens gesehen, der primär den Absatz der erstellten Leistungen verantwortet. In den letzten Jahrzehnten hat das **Marketing** einen Bedeutungsgewinn erfahren und kann sehr weit als marktorientierte Unternehmensführung interpretiert werden.[47] Überschneidungen existieren mit dem Begriff „Absatz", der enger gefasst als Leistungsverwertung zu definieren ist. Grundsätzlich bietet ein Unternehmen am Absatzmarkt Güter und Dienstleitungen an. Dabei wird der Absatzmarkt insbesondere von drei Einflussgrößen determiniert (vgl. Abbildung 29). Die Bedürfnisse der Nachfrager bilden den hauptsächlichen Ausgangspunkt für das eigene Angebot. Daneben wird dieses von den relevanten Konkurrenzangeboten beeinflusst.

---

47 Vgl. hierzu und im Folgenden dieses Kapitels Meffert (2014).

```
              Bedürfnisse der
                Nachfrager

                  Absatzmarkt

   Eigenes                          Angebot der
   Angebot                          Konkurrenten
```

Abbildung 29: Determinanten des Absatzmarktes[48]

Von entscheidender Bedeutung für alle absatzrelevanten Aktivitäten ist die Frage, ob ein Unternehmen auf einem **Verkäufermarkt** oder einem **Käufermarkt** agiert. Die wesentlichen Unterscheidungsmerkmale sind Tabelle 27 zu entnehmen.

---

48 Vgl. Wöhe (2016).

Merkmal	Verkäufermarkt (ungesättigter Markt)	Käufermarkt (gesättigter Markt)
Wirtschaftliches Entwicklungsstadium	Knappheitswirtschaft	Überflusswirtschaft
Verhältnis Angebot zu Nachfrage	Nachfrage > Angebot (Nachfrageüberhang), Nachfrager aktiver als Anbieter	Angebot > Nachfrage (Angebotsüberhang), Anbieter aktiver als Nachfrager
Engpassbereich der Unternehmung	Beschaffung und/oder Produktion	Absatz
Primäre Anstrengung der Unternehmung	Rationelle Erweiterung der Beschaffungs- und Produktionskapazität	Weckung von Nachfrage und Schaffung von Präferenzen für eigenes Angebot

Tabelle 27: Verkäufer- und Käufermarkt[49]

Auf Verkäufermärkten sind die angebotenen Güter knapp, die Nachfrage übersteigt das Angebot. Die primäre Aufgabe der Unternehmen besteht in der Ausweitung der Produktionskapazitäten. Auf Käufermärkten herrscht indes ein Angebotsüberschuss. Die Unternehmen müssen aktiv um Käufer werben, Engpass ist somit der Absatzbereich. Bei den meisten Märkten in Industrieländern handelt es sich um Käufermärkte.

Die unternehmensspezifische Absatzplanung kann in drei Teilbereiche untergliedert werden (vgl. Abbildung 30). Grundlage für alle absatzpolitischen Maßnahmen ist die Marktforschung, die der Informationssammlung über die Käufer und das Käuferverhalten sowie über die Konkurrenten und das Konkurrentenverhalten dient. Die so gewonnenen Daten bilden die Grundlagen für die weitere Ausgestaltung der absatzpolitischen Instrumente: Produkt-, Preis-, Kommunikations- und Distributionspolitik. Diese vier absatzpolitischen

---

[49] Vgl. Wöhe (2016).

Instrumente werden auch als **„Marketing-Mix"** bezeichnet. Die Operationalisierung des Marketing-Mixes erfolgt im Rahmen eines Absatzplanes, der die Absatzmengen, Absatzpreise und das Absatzprogramm festlegt.

Abbildung 30: Teilbereiche der Absatzplanung[50]

Im Rahmen der **Marktforschung** kann das Konsumentenverhalten anhand unterschiedlicher Kaufentscheidungstypen weitergehend klassifiziert werden:

---

[50] Vgl. Meffert (2014).

- Impulsive Kaufentscheidungen: Die Kaufentscheidung erfolgt spontan ohne bedeutende Planungsaktivitäten. Dieser Typ ist tendenziell bei niedrigpreisigen Gütern des alltäglichen Bedarfs anzutreffen, z.b. der Kauf von Kleidungsstücken im Sonderangebot.

- Habitualisierte Kaufentscheidungen: Die Kaufentscheidung erfolgt regelmäßig, wiederkehrend ohne bedeuten Planungsaktivitäten. Dieser Typ ist tendenziell bei niedrigpreisigen Gütern des alltäglichen Bedarfs anzutreffen, die regelmäßig bezogen werden, wie z.B. der Kauf von Milch oder Butter einer bestimmten Marke.

- Extensive Kaufentscheidungen: Die Kaufentscheidung erfolgt auf Basis umfangreicher Vorüberlegungen, viele Aspekte werden in die Entscheidung einbezogen und führen so zu einer erhöhten Komplexität. Dieser Typ ist tendenziell bei hochpreisigen, eher selten anzuschaffenden Gütern anzutreffen, wie z.B. dem Kauf eines PKWs.

- Limitierte Kaufentscheidungen: Die Kaufentscheidung erfolgt auf Basis einer vereinfachenden Eingrenzung der potenziellen Produkte. Dieser Typ ist tendenziell bei niedrig- und mittelpreisigen Produkten anzutreffen, die in bestimmten Zeitabständen öfter beschafft werden. Z.B. werden für den Erwerb von Sportschuhen grds. nur zwei Marken berücksichtigt. Aus diesen beiden Markten wird dann das geeignete Paar ausgesucht.

Eine weitere Aufgabe der Marktforschung besteht in der Marktsegmentierung. Unter Marktsegmentierung wird die Strukturierung der Nachfragegesamtheit in einzelne Nachfragegruppen verstanden. Ein heterogener Gesamtmarkt wird somit in möglichst homogene Untergruppen unterteilt. Dies erhöht aus Unternehmenssicht die Markttransparenz und ermöglicht eine gezielte

Bearbeitung des Marktes. So kann beispielsweise durch geschlechtsspezifische Werbung eine unterschiedliche Ansprache von Männern und Frauen erfolgen oder durch eine neue Produktlinie besonders qualitätsbewusste Kunden angesprochen werden.

Es existieren unterschiedliche Möglichkeiten, nach denen ein Markt segmentiert werden kann (vgl. Abbildung 31). Diese Marktsegmentierungskriterien lassen sich vier Gruppen zuordnen. Geographische Kriterien wie Land, Region, Stadt oder Wohngebiete bilden die erste Gruppe, die sich durch ihre geringe Komplexität und gute Datenverfügbarkeit auszeichnet. Die zweite Gruppe der demographischen Kriterien, wie beispielsweise Alter, Geschlecht oder Einkommen, ist ebenfalls relativ leicht zu erheben und bietet im Vergleich zur ersten Gruppe weitergehende Informationsvorteile. Noch besser geeignet für eine zielgruppenorientierte Marktsegmentierung ist die dritte Gruppe der sozialpsychologischen Kriterien, wie Persönlichkeitsaspekte oder Schichtzugehörigkeiten. Die hierzu benötigten Informationen sind vergleichsweise schwierig zu beschaffen. Die genauesten Segmentierungsergebnisse lassen sich durch verhaltensbezogene Kriterien erzielen, die jedoch auch die höchsten Anforderungen an die Datenbeschaffung stellen.

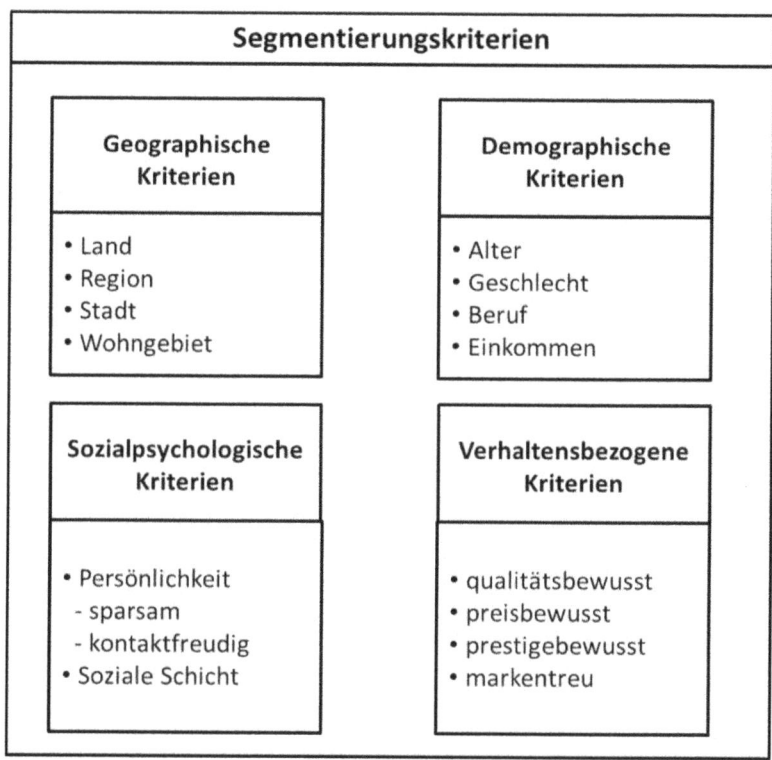

Abbildung 31: Segmentierungskriterien[51]

Absatzpolitische Instrumente, auch Marketing-Instrumente oder Marketing-Mix genannt, umfassen Maßnahmen, die dazu dienen, Absatzwiderstände zu reduzieren und die eigene Wettbewerbsposition zu verbessern. Sie können den vier Bereichen Preispolitik, Produktpolitik, Kommunikationspolitik und Distributionspolitik zugeordnet werden (vgl. Abbildung 32).

Preispolitik: Im Rahmen der Preispolitik werden Preise, Rabatte und Zahlungsbedingungen festgelegt. Eine besondere Bedeutung kommt dabei der

---

[51] Vgl. Meffert (2014).

Preisfindung zu. Die Festlegung der Verkaufspreise für die von einem Unternehmen angebotenen Leistungen ist von existenzieller Bedeutung. Die Preisbildung kann dabei grundsätzlich aus zwei unterschiedlichen Perspektiven erfolgen. Bei einer kostenorientierten Preisbildung stellen die unternehmensspezifischen Selbstkosten die Kalkulationsbasis dar, die um einen entsprechenden Gewinnzuschlag erhöht wird. Im Gegensatz dazu orientiert sich die wertorientierte Preisbildung an der maximalen Zahlungsbereitschaft der Kunden, die im Idealfall abgeschöpft werden soll. Für beide Varianten ist zusätzlich der Konkurrenzpreis als Orientierungswert zu berücksichtigen.

Produktpolitik: Aufgabe der Produktpolitik ist die spezifische Ausgestaltung der einzelnen Produkte und des Produktportfolios sowie die Definition des aus Kundensicht zu erwartenden Nutzens. In Anlehnung an den Produktlebenszyklus ist ferner über Produktinnovationen, Produktvariationen und Produkteliminierungen zu entscheiden.

Kommunikationspolitik: Die Kommunikationspolitik beinhaltet die Bereiche Werbung, Verkaufsförderung und Öffentlichkeitsarbeit (Public Relations). Sie ist auf die Information und positive Beeinflussung der externen Stakeholder, insbesondere der Kunden ausgerichtet.

Distributionspolitik: Die Distributionspolitik behandelt die räumliche und zeitliche Allokation der Produkte und Dienstleistungen. Ebenfalls wird festgelegt, ob die Distribution eher exklusiv, selektiv oder intensiv erfolgen soll.

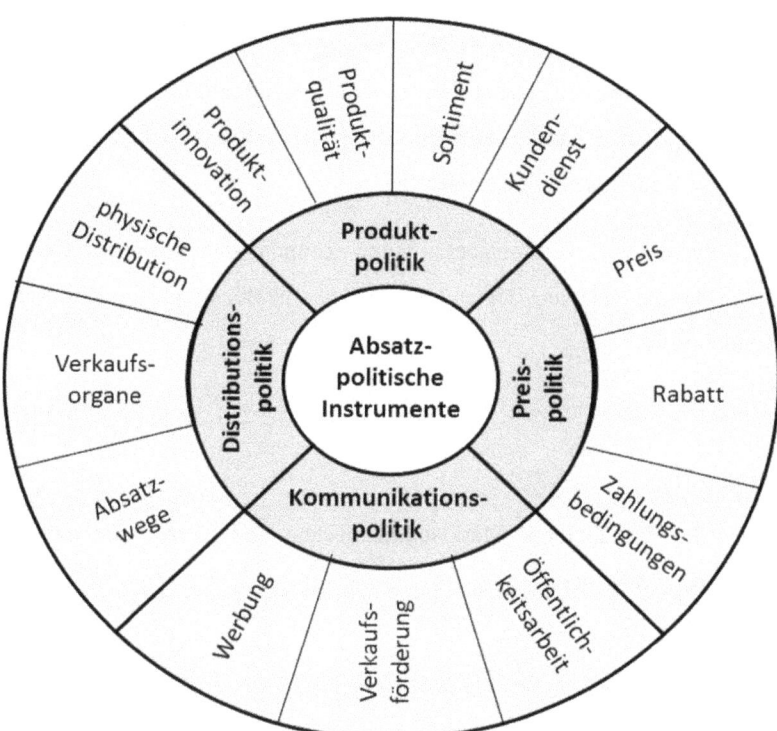

Abbildung 32: Absatzpolitische Instrumente[52]

---

[52] Vgl. Wöhe (2016).

6.2. Aufgaben

Aufgabe 6.1:

Lars und Lisa überlegen, wie die potenziellen Kunden der Stuhl GmbH am besten angesprochen werden können. Dazu ist zunächst zu klären, wie die Kunden ihre Kaufentscheidungen treffen.

Welche Typen von Kaufentscheidungen können unterschieden werden? Bewerten Sie die Relevanz der einzelnen Typen in Bezug auf die Kundschaft der Stuhl GmbH.

Aufgabe 6.2:

Erläutern Sie das Ziel der Marktsegmentierung und nennen Sie mögliche Segmentierungskriterien.

Aufgabe 6.3:

Nennen Sie die vier Instrumente des Marketing-Mix (Absatzpolitische Instrumente). Formulieren Sie für jedes Instrument mögliche Fragestellungen aus Perspektive der Stuhl GmbH.

Aufgabe 6.4:

Lisa und Lars diskutieren über geeignete Methoden zur Festsetzung des Verkaufspreises. Lars ist sichtlich verwirrt: „Wie sollen wir den Preis unserer Stühle denn festlegen, wir haben schließlich keine Erfahrungswerte?" Helfen Sie und erläutern Sie die grundsätzlichen Einflussfaktoren der Preisbildung.

6.3. Lösungen

Lösung Aufgabe 6.1:

Es kann unterschieden werden, zwischen:

- Impulsive Kaufentscheidungen: Für die Stuhl GmbH eher unbedeutend, solange die Produkte nicht in der Breite verfügbar sind bzw. angeboten werden.

- Habitualisierte Kaufentscheidungen: Ebenfalls eher unbedeutend, da die wenigsten Kunden bereits regelmäßig Produkte der Stuhl GmbH erstanden haben.

- Extensive Kaufentscheidungen: Aufgrund der qualitativen und preislichen Exklusivität der Produkte kann im Regelfall von extensiven Entscheidungen ausgegangen werden.

- Limitierte Kaufentscheidungen: Mögliche Situation, falls ein Kunde beispielsweise nach Massivholzmöbeln in der regionalen Umgebung sucht.

Lösung Aufgabe 6.2:

Marktsegmentierung dient der Strukturierung der Nachfragegesamtheit in einzelne Nachfragegruppen, um so eine gezielte Bearbeitung des Marktes sowie die Erhöhung der Markttransparenz zu erreichen.

Segmentierungskriterien:

- Geographische Kriterien (z.B.: Land, Region, Wohnort)
- Demographische Kriterien (z.B.: Alter, Geschlecht, Beruf, Einkommen)
- Sozialpsychologische Kriterien (z.B.: Persönlichkeit, soziale Schicht)
- Verhaltensbezogene Kriterien (z.B.: qualitätsbewusst, preisbewusst, prestigebewusst)

Lösung Aufgabe 6.3:

Absatzpolitische Instrumente: Alle Maßnahmen, um Absatzwiederstände zu reduzieren und die eigene Wettbewerbsposition zu stärken.

Marketing-Mix:

- Preispolitik: Wie werden die Absatzpreise festgelegt? Sollen Rabatte gewährt werden? Werden unterschiedliche Zahlungsalternativen angeboten (z.B. Zahlungsfristen, Finanzierungsmöglichkeiten)?

- Produktpolitik: Welches Qualitätsniveaus soll erreicht werden, wie kann dieses gesichert werden? Sind kontinuierliche Produktinnovationen notwendig? Wie breit soll das Sortiment aufgestellt werden?

- Distributionspolitik: Welche Absatzwege werden genutzt (z.B.: stationärer Handel, Onlinehandel)? Wie kann die Nachfrage jederzeit quantitativ, qualitativ und räumlich befriedigt werden?

- Kommunikationspolitik: Wie können die Nachfrager zum Kauf angeregt werden? Sollen besondere Maßnahmen der Verkaufsförderung eingesetzt werden? Gibt es weitere Gruppen, die gezielt durch Öffentlichkeitsarbeit angesprochen werden sollen?

Lösung Aufgabe 6.4:

Generell sind bei der Preisbildung drei wesentliche Einflussfaktoren zu berücksichtigen:

1. Die mit der Herstellung eines Stuhles verbundenen Kosten: Die benötigten Informationen werden im Rechnungswesen (Kostenrechnung) generiert. Als kurzfristige Preisuntergrenze gelten die variablen Stückkosten, langfristig sollte der Preis über den Selbstkosten pro Stück liegen (langfristige Preisuntergrenze).

2. Die maximale Zahlungsbereitschaft: Diese kann - in Abhängigkeit vom Produkt - deutlich über den Selbstkosten liegen. Kenntnisse über die maximale Zahlungsbereitschaft der Kunden können gezielt und erfolgswirksam genutzt werden. Allerdings ist zu beachten, dass die damit verbundene Informationsbeschaffung aufwendig und komplex sein kann.

3. Der Konkurrenzpreis: Je weniger sich die eigenen Produkte von denen der Konkurrenz unterscheiden, desto bedeutender ist der Einfluss der Konkurrenzpreise.

7. Betriebswirtschaftliche Rechengrößen

7.1. Grundlagen

Für die nachfolgenden Kapitel ist eine eindeutige Definition der verwendeten **Rechengrößen** erforderlich.[53] Die Begriffspaare Einzahlung/Auszahlung, Einnahme/Ausgabe, Ertrag/Aufwand sowie Kosten/Leistungen werden umgangssprachlich oftmals synonym verwendet. In der Betriebswirtschaftslehre existieren jedoch teilweise gravierende Unterschiede.

Unter **Einzahlungen** ist der Zufluss liquider Mittel zu verstehen, unter **Auszahlungen** der Abfluss liquider Mittel (vgl. Abbildung 33). Die liquiden Mittel eines Unternehmens sind die Summe aus Barmitteln (Kasse, Schecks) sowie kurzfristig verfügbaren Sichteinlagen (Girokonten, Tagesgeld). Der Barkauf einer Maschine oder die Bezahlung einer Dienstleistung stellt somit eine Auszahlung dar, der Verkauf von Produkten gegen Barzahlung eine Einzahlung.

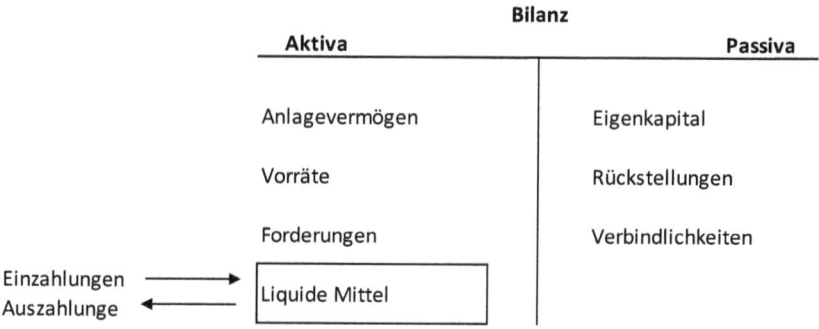

Abbildung 33: Einzahlungen und Auszahlungen

---

[53] Vgl. hierzu und im Folgenden dieses Kapitels z.B. Coenenberg (2016).

Einnahmen und **Ausgaben** stellen eine Zunahme bzw. Abnahme des Netto-Geldvermögens dar (vgl. Abbildung 34). Das Nettogeldvermögen ist die Summe der liquiden Mittel zuzüglich der Forderungen und abzüglich der Verbindlichkeiten. (Je nach Definition können auch nur die kurzfristigen Forderungen und Verbindlichkeiten berücksichtigt werden.) Eine Einnahme ist z.B. der Verkauf von Produkten auf Ziel. Exemplarische Ausgaben sind der Kauf von Rohstoffen oder die Inanspruchnahme von Dienstleitungen auf Rechnung.

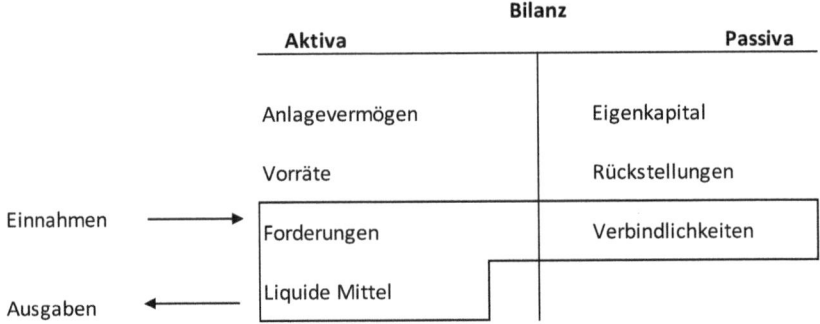

Abbildung 34: Einnahmen und Ausgaben

Erträge und **Aufwendungen** sind periodisierte, erfolgswirksame Zahlungen und führen zu einer Veränderung des Reinvermögens. Erträge repräsentieren eine Wertentstehung, Aufwendungen einen Werteverzehr. Durch den Verkauf von Produkten entsteht ein Wert und somit ein Ertrag. Abschreibungen stellen den Werteverzehr eines Vermögensgegenstandes und somit Aufwand dar. Das Reinvermögen kann als Summe des Anlage- und Umlaufvermögens – also die Summe aller Vermögensgegenstände – abzüglich des Fremdkapitals definiert werden. Das Reinvermögen entspricht damit betragsmäßig dem Eigenkapital.

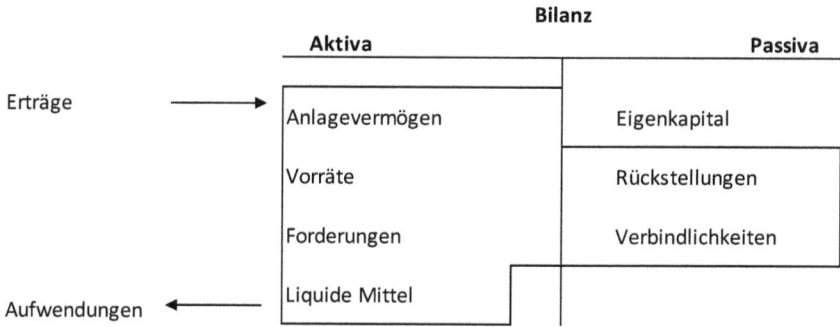

Abbildung 35: Erträge und Aufwendungen

Leistungen und **Kosten** werden als bewertete, betriebsbedingte Gütererstellung bzw. Güterverbrauch definiert. Kosten sind somit der bewertete Verzehr von Gütern und Dienstleistungen im Rahmen der **betrieblichen** Leistungserstellung. Leistungen umfassen den Wert aller erzeugten Güter und Dienstleistungen im Rahmen der betrieblichen Leistungserstellung. Wesentlicher Unterschied zwischen Aufwand und Kosten bzw. Ertrag und Leistung ist die Betriebsnotwendigkeit.

7.2. Aufgaben

Aufgabe 7.1:

Die Stuhl GmbH kauft im Mai Reparaturteile für eine Maschine, bezahlt diese im Juni und verbraucht sie betriebsbedingt im August desselben Jahres. In welchem Monat fallen folgende Belastungen an:

Auszahlung:

Ausgabe:

Aufwand:

Kosten:

Aufgabe 7.2:

Ordnen Sie folgende Geschäftsvorfälle den verschiedenen Rechnungsgrößen zu:

Vorgang	Einzahlung/ Auszahlung	Einnahme/ Ausgabe	Ertrag/ Aufwand	Leistung/ Kosten
Bezahlung des Rechnungspreises für eine in der Vorperiode angeschaffte Maschine				
Barverkauf von Produkten im August (=Herstellungszeitpunkt)				
Zinsgutschrift der Bank für festverzinsliche Wertpapiere im August				
Ein Kunde überweist den Betrag für einen in der Vorperiode erfüllten Auftrag				
Anlieferung von Rohstoffen auf Ziel				
Materialentnahme für die Produktion				
Überweisung der Gehälter für den Monat September				

Aufgabe 7.3:

Ordnen Sie folgende Geschäftsvorfälle den verschiedenen Rechnungsgrößen zu:

Vorgang	Einzahlung/ Auszahlung	Einnahme/ Ausgabe	Ertrag/ Aufwand	Leistung/ Kosten
Bezahlung der fälligen Rate (Zins u. Tilgung) für ein Darlehen im September				
Bilanzielle Abschreibung einer Maschine				
Verkauf von Fertigprodukten vom Lager auf Ziel im Oktober				
Forderungsausfall durch Konkurs eines Kunden				
Kauf von fünf Laptops im Dezember				
Abschreibung aufgrund Überschwemmung der Lagerhallte				
Spende der Großeltern an die Stuhl GmbH				

7.3. Lösungen

Lösung Aufgabe 7.1:

Auszahlung: Juni

Ausgabe: Mai

Aufwand: August

Kosten: August

Lösung Aufgabe 7.2:

Vorgang	Einzahlung/ Auszahlung	Einnahme/ Ausgabe	Ertrag/ Aufwand	Leistung/ Kosten
Bezahlung des Rechnungspreises für eine in der Vorperiode angeschaffte Maschine	Auszahlung			
Barverkauf von Produkten im August (=Herstellungszeitpunkt)	Einzahlung	Einnahme	Ertrag	Leistung
Zinsgutschrift der Bank für festverzinsliche Wertpapiere im August	Einzahlung	Einnahme	Ertrag	
Ein Kunde überweist den Betrag für einen in der Vorperiode erfüllten Auftrag	Einzahlung			
Anlieferung von Rohstoffen auf Ziel		Ausgabe		
Materialentnahme für die Produktion			Aufwand	Kosten
Überweisung der Gehälter für den Monat September	Auszahlung	Ausgabe	Aufwand	Kosten

Lösung Aufgabe 7.3:

Vorgang	Einzahlung/ Auszahlung	Einnahme/ Ausgabe	Ertrag/ Aufwand	Leistung/ Kosten
Bezahlung der fälligen Rate (Zins u. Tilgung) für ein Darlehen im September	Zins und Tilgung: Auszahlung	Zins: Ausgabe	Zins: Aufwand	Zins: Kosten
Bilanzielle Abschreibung einer Maschine			Aufwand	Kosten
Verkauf von Fertigprodukten vom Lager auf Ziel im Oktober		Einnahme	Ertrag	Leistung
Forderungsausfall durch Konkurs eines Kunden		Ausgabe	Aufwand	(Kosten)
Kauf von fünf Laptops im Dezember	Auszahlung	Ausgabe		
Abschreibung aufgrund Überschwemmung der Lagerhallte			Aufwand	
Spende der Großeltern an die Stuhl GmbH	Einzahlung	Einnahme	Ertrag	

8. Investition

8.1. Grundlagen

Unter einer **Investition** wird die Hingabe liquider Mittel in der Gegenwart, mit der Absicht in der Zukunft höhere Zahlungsmittelrückflüsse zu generieren, verstanden.[54] Entscheidend für die Bewertung einer Investition ist der mit ihr verbundene Zahlungsstrom (Cash-Flow), der sich aus den entsprechenden Ein- und Auszahlungen zusammensetzt. Die Absicht, höhere Zahlungsmittelrückflüsse in der Zukunft zu erhalten, ist nicht mit Gewissheit zu verwechseln. Investitionen beziehen sich in der Planungsphase immer auf die Zukunft und sind daher mit Unsicherheit verbunden. Der prognostizierte Zeitraum wird als Planungszeitraum oder **Nutzungsdauer** bezeichnet. Der Wert einer Investition wird in der Regel während der Nutzungsdauer von den geplanten Werten abweichen. Dennoch ist die Bewertung von Investitionen vor der eigentlichen Realisierung als sinnvoll anzusehen, da so Transparenz und Informationen über die Investitionen gewonnen werden.

Die finanzielle bzw. betriebswirtschaftliche Bewertung von Investitionen ist Gegenstand der **Investitionsrechnung**. Diese ermöglicht die Prognose der finanziellen Wirkungen einer Investition und somit zielkonforme Investitionsentscheidungen. Hierzu werden die mit der Investition verbundenen Zahlungsströme oder andere geeignete Daten zu Kennzahlen verdichtet. Zu beachten ist, dass bei der Bewertung von Investitionen immer mindestens zwei Alternativen zu berücksichtigen sind: Neben der eigentlichen Investition, die Anlage des Kapitals zum risikolosen Zins am Kapitalmarkt.

---

[54] Vgl. z.B. Blohm (2012).

Die Bewertung von Investitionen stellt eine zentrale betriebswirtschaftliche Aufgabe dar. Dies wird an der Vielzahl der in der betrieblichen Realität vorkommenden **Investitionsarten** deutlich. **Sachinvestitionen** umfassen Investitionen in physische Vermögensgegenstände des Anlagevermögens, wie beispielsweise Grundstücke, Gebäude, Maschinen, KFZ sowie Betriebs- und Geschäftsausstattung. **Finanzinvestitionen** sind finanzielle Vermögensgegenstände des Anlagevermögens, wie Beteiligungen, Aktien, Darlehen oder Anleihen. **Immaterielle Investitionen** beziehen sich auf nicht-körperliche und nicht-finanzielle Vermögensgegenstände, wie beispielsweise Patente, Software oder Nutzungsrechte. Ein Spezialgebiet der Investitionsrechnung behandelt den Kauf- und Verkauf von Unternehmen. Die dazu erforderliche Unternehmensbewertung bietet komplexe Methoden, die auf den Grundideen der Investitionsrechnung basieren.

Die in der Investitionsrechnung zur Verfügung stehenden Methoden können in zwei Gruppen (vgl. Abbildung 36) aufgeteilt werden:

1) Die Verfahren der statischen Investitionsrechnung und

2) Die Verfahren der dynamischen Investitionsrechnung.

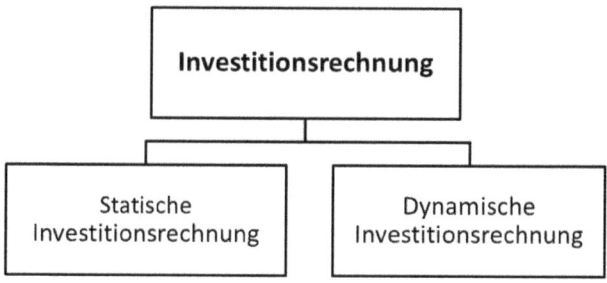

Abbildung 36: Investitionsrechnung

Die **statische Investitionsrechnung** umfasst vier Bewertungsmethoden:

Statische Verfahren	Rechengrößen	Anzahl der Planungsperioden
Kostenvergleichsrechnung	Kosten	eine
Gewinnvergleichsrechnung	Kosten und Erlöse	eine
Rentabilitätsvergleichsrechnung	Kosten und Erlöse	eine
Amortisationsrechnung	Einzahlungen und Auszahlungen	mehrere, maximal n

Tabelle 28: Verfahren der statischen Investitionsrechnung[55]

Als einfachstes Verfahren kann die **Kostenvergleichsrechnung** bezeichnet werden. Investitionsalternativen werden ausschließlich auf Basis der jeweiligen Kosten verglichen. Als vorteilhaft gilt die Investition, die mit den geringeren Kosten verbunden ist. Voraussetzung für die Anwendung der Kostenvergleichsrechnung ist, dass die zu bewertenden Investitionen sich im Output bzw. in der Leistung gleichen.

Da die Prämisse der Leistungsgleichheit in den wenigsten Fällen aufrechtgehalten werden kann, wird im Rahmen der **Gewinnvergleichsrechnung** der Gewinn als Differenz zwischen Erlösen und Kosten betrachtet. Vorteilhaft ist dann die Investition, die zu dem höchsten Gewinn führt.

Der absolute Gewinn als Vergleichsmaß kann irreführend sein, wenn Investitionen mit einem sehr unterschiedlichen Kapitalbedarf verbunden sind. Ist dies der Fall, so kann der Gewinn anhand des durchschnittlich gebundenen

---

[55] Vgl. Wöhe (2016).

Kapitals relativiert werden. Die so ermittelte Rentabilität ist das Entscheidungskriterium der **Rentabilitätsvergleichsrechnung**. Die höchste Rentabilität kennzeichnet die vorteilhafte Investition.

Während die ersten drei Verfahren aufeinander aufbauen und die Kosten und Erlöse einer Durchschnittsperiode bewerten, berücksichtigt die **Amortisationsdauer** explizit die einzelnen Perioden des Planungszeitraumes. Als weiteres Unterscheidungsmerkmal stellt dieses Verfahren nicht mehr auf die Größen „Kosten" und „Erlöse" ab, sondern auf den Zahlungsstrom, d.h. auf die Ein- und Auszahlungen der einzelnen Perioden. Der Amortisationszeitpunkt ist derjenige, zu dem die kumulierten Einzahlungsüberschüsse (Differenz aus Ein- und Auszahlungen) die Anschaffungsauszahlung erstmalig übersteigen. Bei der Amortisationsdauer handelt es sich um ein in der Praxis weit verbreitetes und beliebtes Verfahren, das insbesondere auf eine Reduktion des Investitionsrisikos abzielt.

Der wesentliche Vorteil der statischen Verfahren liegt ist der einfachen Anwendung und der – oberflächlich – hohen Transparenz. Als Nachteile gelten bei den ersten drei Verfahren die Verwendung einer fiktiven Durchschnittsperiode sowie die periodisierten Erfolgsgrößen. In Hinblick auf die Amortisationsdauer ist zu kritisieren, dass sich Investitionen mit einem späteren Amortisationszeitpunkt durchaus über die Totalperiode als vorteilhaft erweisen können. Der entscheidende Kritikpunkt aller statischer Verfahren liegt jedoch in der fehlenden Berücksichtigung des Zeitbezuges der Zahlungen: Identische Zahlungen zu unterschiedlichen Zeitpunkten haben bezogen auf die Gegenwart einen unterschiedlichen Wert.

Die **dynamische Investitionsrechnung** setzt an der Hauptkritik der statischen Verfahren an und berücksichtigt explizit den Zeitbezug des Zahlungsstroms. Zahlungen zu unterschiedlichen Zeitpunkten werden durch das finanzmathematische Instrument des **Diskontierens** auf einen einheitlichen Zeitpunkt vergleichbar gemacht. Die gesamte Nutzungsdauer der Investition wird in das Kalkül miteinbezogen, eine Durchschnittsbildung entfällt. Die beiden bedeutendsten dynamischen Investitionsrechnungsverfahren sind die Kapitalwertmethode (Net Present Value) und die Interne Zinsfußmethode (Internal Rate of Return).

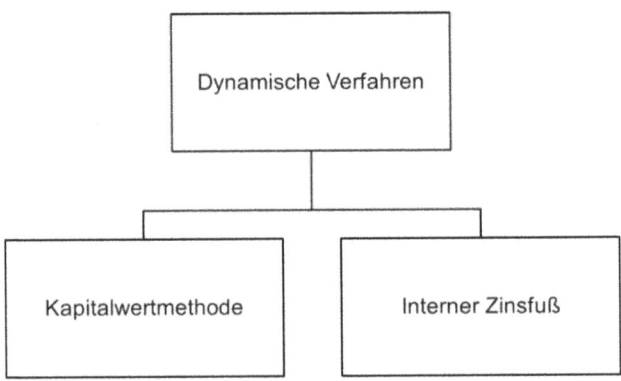

Abbildung 37: Verfahren der dynamischen Investitionsrechnung

Der **Kapitalwert** einer Investition ist definiert als die Summe aller auf t=0 (heute) diskontierten Zahlungen (Einzahlungen – Auszahlungen) einer Investition:

$$KW = \sum_{t=0}^{n} \frac{CF_t}{(1+i)^t}$$

KW = Kapitalwert

t = Periode

n = Nutzungsdauer der Investition

CF_t = Zahlung (Cash Flow) in Periode t

i = Kalkulationszinsfuß

Eine Investition gilt als vorteilhaft, wenn der Kapitalwert größer als Null ist. Liegt der Kapitalwert unter Null, so gilt sie als unvorteilhaft. Der Kalkulationszinsfuß hat erhebliche Auswirkungen auf den Kapitalwert. Je größer der Kalkulationszinsfuß, desto kleiner der Kapitalwert (ceteris paribus). Die Berechnung des Kalkulationszinsfußes ist ein komplexes, betriebswirtschaftliches Problemfeld. Eine Möglichkeit besteht in der Berechnung des Kalkulationszinsfußes als gewogener Durchschnitt aus den Eigen- und Fremdkapitalkosten.

Beispiel:

Eine Investition hat eine Nutzungsdauer von fünf Jahren. Die Einzahlungsüberschüsse pro Jahr sind folgender Tabelle zu entnehmen:

CF_0	CF_1	CF_2	CF_3	CF_4	CF_5
-10.000	-2.000	1.300	7.020	18.000	3.000

Bei einem Kalkulationszinsfuß von 10% ergibt sich somit folgender Kapitalwert:

$$KW(i = 10\%) = \frac{-10.000}{1,1^0} - \frac{2.000}{1,1^1} + \frac{1.300}{1,1^2} + \frac{7.020}{1,1^3} + \frac{18.000}{1,1^4} + \frac{3.000}{1,1^5} = 8.687,40$$

Im Gegensatz zum Kapitalwert ermöglicht die **interne Zinsfußmethode** die Berechnung einer relativen Rentabilitätskennzahl. Ausgehend von der Formel zur Berechnung des Kapitalwertes ist der interne Zinsfuß derjenige Zins, bei dem die diskontierten Zahlungsströme der Investitionsauszahlung entsprechen, der Kapitalwert somit Null ergibt. Der interne Zinsfuß ergibt daher die effektive Verzinsung der Investition:

$$KW(IRR) = \sum_{t=0}^{n} \frac{CF_t}{(1 + IRR)^t} \stackrel{!}{=} 0$$

Der so ermittelte interne Zinsfuß wird mit dem allgemeinen Kalkulationszinsfuß verglichen, der als Benchmark fungiert. Die Investition gilt als vorteilhaft, wenn der interne Zinsfuß über dem Kalkulationszinsfuß liegt und als unvorteilhaft, wenn der interne Zinsfuß kleiner als der Kalkulationszinsfuß ist.

Beispiel:

Eine Investition hat eine Nutzungsdauer von zwei Jahren. Die Einzahlungsüberschüsse pro Jahr sind folgender Tabelle zu entnehmen:

CF_0	CF_1	CF_2
-10.000	8.000	8.400

$$KW(IRR) = \frac{-10.000}{(1+IRR)^0} + \frac{8.000}{(1+IRR)^1} + \frac{8.400}{(1+IRR)^2} = 0$$

Multiplikation mit $(1+IRR)^2$ ergibt:

$$-10.000*(1+IRR)^2 + 8.000*(1+IRR)^1 + 8.400 = 0$$

Division durch -10.000 ergibt:

$$(1+IRR)^2 - 0{,}8*(1+IRR)^1 - 0{,}84 = 0$$

Bestimmung der Nullstellen einer quadratischen Gleichung ergeben:

$(1+IRR) = 1{,}4$ somit $IRR = 0{,}4 = 40\%$

Bei mehr als zwei Perioden ist die Berechnung des internen Zinsfußes deutlich komplexer und kann beispielsweise mit numerischen Methoden gelöst werden.

8.2. Aufgaben

Aufgabe 8.1:

Welche Arten von Investitionsalternativen können unterschieden werden?

Aufgabe 8.2:

Nennen Sie wesentliche Vor- und Nachteile der statischen Investitionsrechnung.

Aufgabe 8.3:

Zur weiteren Expansion möchte Lars L. eine CNC Drechselbank beschaffen. Nach ausführlicher Informationsbeschaffung kommen zwei Maschinen in die Auswahl. Berechnen Sie die Vorteilhaftigkeit nach der Kosten-, Gewinn- und Rentabilitätsvergleichsrechnung!

	Investition A	Investition B
Typ	"Drehgut"	"Holzfräse"
Anschaffungskosten	250.000	480.000
Installation	10.000	25.000
Betriebskosten fix p.a.	30.000	35.000
Nutzungsdauer in Jahren	5	8
Liquidationserlös	15.000	40.000
Kalkulationszinssatz	10%	10%
Erlöse p.a.	110.000	140.000

Aufgabe 8.4:

Berechnen Sie die Vorteilhaftigkeit nach der Kosten-, Gewinn- und Rentabilitätsvergleichsrechnung für die beiden Maschinen „DrechselWeg" und „Holzprofi".

	Investition A	Investition B
Typ	"DrechselWeg"	"Holzprofi"
Anschaffungskosten	600.000	550.000
Installation	70.000	20.000
Betriebskosten fix p.a.	45.000	61.000
Nutzungsdauer in Jahren	10	10
Liquidationserlös	80.000	90.000
Kalkulationszinssatz	10%	10%
Erlöse p.a.	180.000	210.000

Aufgabe 8.5:

Lars Lignum erwägt die Beschaffung einer neuen Holzdrechselbank. Er kann zwischen den beiden Alternativen (A und B) wählen. Bestimmen Sie die statische Amortisationsdauer.

		Investition A	Investition B
Investitionsausgabe	€	200.000	200.000
Nutzungsdauer	Jahre	10	10
Einzahlung	€/Jahr		
1. Jahr		40.000	30.000
2. Jahr		80.000	50.000
3. Jahr		80.000	70.000
4. Jahr		30.000	50.000
5. Jahr		20.000	80.000
Amortisationszeit	Jahre		

Aufgabe 8.6:

Aufgrund der methodischen Defizite der statischen Verfahren der Investitionsrechnung möchte Lars die beiden Investitionsalternativen „Drechselgut" und „Holzfräse" durch die Kapitalwertmethode bewerten:

Kalkulationszinssatz:	10%	t=0	t=1	t=2	t=3	t=4	t=5
Investition A "Drechselgut"							
Einzahlungen		0	20.000	30.000	70.000	85.000	70.000
Auszahlungen		-50.000	-50.000	-40.000	-30.000	-20.000	-10.000
Investition B "Holzfräse"							
Einzahlungen		0	10.000	35.000	55.000	78.000	65.000
Auszahlungen		-60.000	-25.000	-35.000	-35.000	-25.000	-25.000

Aufgabe 8.7:

Welche Auswirkungen hat eine Absenkung des Kalkulationszinsfußes auf den Kapitalwert der beiden Investitionsalternativen?

Kalkulationszinssatz: 5%	t=0	t=1	t=2	t=3	t=4	t=5
Investition A "Drechselgut"						
Einzahlungen	0	20.000	30.000	70.000	85.000	70.000
Auszahlungen	-50.000	-50.000	-40.000	-30.000	-20.000	-10.000
Investition B "Holzfräse"						
Einzahlungen	0	10.000	35.000	55.000	78.000	65.000
Auszahlungen	-60.000	-25.000	-35.000	-35.000	-25.000	-25.000

Aufgabe 8.8:

Neben einer Investition in die Maschinen „DrechselWeg" und „Holzprofi" können Lars und Lisa das benötigte Kapital (100.000 Euro) alternativ auf einem Sparkonto zu 3% p.a. anlegen. Welche Alternative ist auf Basis des Kapitalwertes vorteilhaft?

Kalkulationszinssatz: 10%	t=0	t=1	t=2	t=3	t=4	t=5
Investition A "DrechselWeg"						
Einzahlungsüberschuss	-100.000	20.000	25.000	35.000	30.000	30.000
Investition B "Holzprofi"						
Einzahlungsüberschuss	-100.000	10.000	10.000	30.000	35.000	40.000

Aufgabe 8.9:

Lars möchte gerne auch noch die zweite, bedeutende Methode der dynamischen Investitionsrechnung kennenlernen. Berechnen Sie den internen Zinsfuß der Investitionen A und B.

	t=0	t=1	t=2
Investition A "Drechselgut"			
Einzahlungen	0	85.000	80.000
Auszahlungen	-50.000	-50.000	-40.000
Investition B "Holzfräse"			
Einzahlungen	0	100.000	85.000
Auszahlungen	-60.000	-25.000	-35.000

Aufgabe 8.10:

Berechnen Sie ferner den internen Zinsfuß der Investitionen „DrechselWeg" und „Holzprofi":

	t=0	t=1	t=2
Investition A "DrechselWeg"			
Einzahlungen	0	38.000	42.000
Auszahlungen	-45.000	-20.000	-20.000
Investition B "Holzprofi"			
Einzahlungen	0	60.000	65.000
Auszahlungen	-60.000	-25.000	-35.000

8.3. Lösungen

Lösung Aufgabe 8.1:

Zu unterscheiden sind:

- Sachinvestitionen (z.B.: Grundstücke, Maschinen, KFZ)
- Finanzinvestitionen (z.B.: Wertpapiere, Beteiligungen)
- Immaterielle Investitionen (z.B.: Patente, Konzessionen, Nutzungsrechte)
- Unternehmenskauf

Lösung Aufgabe 8.2:

Vorteile:

- Einfach zu berechnen
- Intuitiv gut nachzuvollziehen
- Benötigte Daten sind einfach zu beschaffen

Nachteile:

- Durchschnittsbildung, daher grobe Vereinfachung
- Verwendung periodisierter Größen
- Keine Diskontierung der Zahlungen und somit keine Berücksichtigung des Zeitbezuges

Lösung Aufgabe 8.3:

Die Ergebnisse der unterschiedlichen Methoden sind folgender Tabelle zu entnehmen:

	Investition A	Investition B
Typ	"Drehgut"	"Holzfräse"
Anschaffungskosten	250.000	480.000
Installation	10.000	25.000
Betriebskosten fix p.a.	30.000	35.000
Nutzungsdauer in Jahren	5	8
Liquidationserlös	15.000	40.000
Kalkulationszinssatz	10%	10%
Erlöse p.a.	110.000	140.000
Anschaffungskosten gesamt	260.000	505.000
Betriebskosten fix p.a.	30.000	35.000
Abschreibungen p.a.	49.000	58.125
Kapitalkosten p.a.	13.750	27.250
Gesamtkosten p.a.	92.750	120.375
Gewinn p.a.	17.250	19.625
Gewinn vor Zinsen p.a.	31.000	46.875
Rentabilität vor Zinsen	22,55%	17,20%

Es gilt:

Abschreibungen = (Anschaffungskosten – Liquidationserlös) / Nutzungsdauer

Kapitalkosten = ((Anschaffungskosten + Liquidationserlös) * Kalkulationszinssatz) / 2

Gewinn = Erlöse – Gesamtkosten

Rentabilität = (Gewinn + Kapitalkosten) / ((Anschaffungskosten + Liquidationserlös) / 2)

Die Rentabilität wird hier im Sinne eine Gesamtkapitalrentabilität interpretiert, also der Rentabilität vor Finanzierungseffekten. Ist die Eigenkapitalrentabilität gesucht, so werden die Kapitalkosten nicht zum Gewinn hinzugerechnet.

Lösung Aufgabe 8.4:

Die Ergebnisse der unterschiedlichen Methoden sind folgender Tabelle zu entnehmen:

	Investition A	Investition B
Typ	"DrechselWeg"	"Holzprofi"
Anschaffungskosten	600.000	550.000
Installation	70.000	20.000
Betriebskosten fix p.a.	45.000	61.000
Nutzungsdauer in Jahren	10	10
Liquidationserlös	80.000	90.000
Kalkulationszinssatz	10%	10%
Erlöse p.a.	180.000	210.000
Anschaffungskosten gesamt	670.000	570.000
Betriebskosten fix p.a.	45.000	61.000
Abschreibungen p.a.	59.000	48.000
Kapitalkosten p.a.	37.500	33.000
Gesamtkosten p.a.	141.500	142.000
Gewinn p.a.	38.500	68.000
Gewinn vor Zinsen p.a.	76.000	101.000
Rentabilität vor Zinsen	20,27%	30,61%

Lösung Aufgabe 8.5:

Die statistische Amortisationsdauer ist definiert als derjenige Teil des Planungszeitraumes, in dem das für eine Investition eingesetzte Kapital aus den Einzahlungsüberschüssen wiedergewonnen werden kann:

		Investition A		Investition B	
Investitionsausgabe	€	200.000		200.000	
Nutzungsdauer	Jahre	10		10	
Einzahlung	€/Jahr		kumuliert:		kumuliert:
1. Jahr		40.000	40.000	30.000	30.000
2. Jahr		80.000	120.000	50.000	80.000
3. Jahr		80.000	**200.000**	70.000	150.000
4. Jahr		30.000		50.000	**200.000**
5. Jahr		20.000		80.000	
Amortisationszeit	Jahre	3		4	

Lösung Aufgabe 8.6:

Der Kapitalwert einer Investition ist definiert als die Summe der auf t=0 diskontierten Einzahlungsüberschüsse:

Kalkulationszinssatz: 10%	t=0	t=1	t=2	t=3	t=4	t=5	Summe
Investition A "Drechselgut"							
Einzahlungen	0	20.000	30.000	70.000	85.000	70.000	275.000
Auszahlungen	-50.000	-50.000	-40.000	-30.000	-20.000	-10.000	-200.000
Einzahlungsüberschuss	-50.000	-30.000	-10.000	40.000	65.000	60.000	75.000
Einzahlungsüberschuss disk.	-50.000	-27.273	-8.264	30.053	44.396	37.255	**26.167**
Investition B "Holzfräse"							
Einzahlungen	0	10.000	35.000	55.000	78.000	65.000	243.000
Auszahlungen	-60.000	-25.000	-35.000	-35.000	-25.000	-25.000	-205.000
Einzahlungsüberschuss	-60.000	-15.000	0	20.000	53.000	40.000	38.000
Einzahlungsüberschuss disk.	-60.000	-13.636	0	15.026	36.200	24.837	**2.426**

Die Investition in A (Kapitalwert = 26.167) ist somit im Vergleich zu B (Kapitalwert = 2.426) vorteilhaft.

Lösung Aufgabe 8.7:

Eine Reduktion des Kalkulationszinsfußes von 10% auf 5% führt zu einer Erhöhung der Kapitalwerte:

Kalkulationszinssatz: 5%	t=0	t=1	t=2	t=3	t=4	t=5	Summe
Investition A "Drechselgut"							
Einzahlungen	0	20.000	30.000	70.000	85.000	70.000	275.000
Auszahlungen	-50.000	-50.000	-40.000	-30.000	-20.000	-10.000	-200.000
Einzahlungsüberschuss	-50.000	-30.000	-10.000	40.000	65.000	60.000	75.000
Einzahlungsüberschuss disk.	-50.000	-28.571	-9.070	34.554	53.476	47.012	**47.399**
Investition B "Holzfräse"							
Einzahlungen	0	10.000	35.000	55.000	78.000	65.000	243.000
Auszahlungen	-60.000	-25.000	-35.000	-35.000	-25.000	-25.000	-205.000
Einzahlungsüberschuss	-60.000	-15.000	0	20.000	53.000	40.000	38.000
Einzahlungsüberschuss disk.	-60.000	-14.286	0	17.277	43.603	31.341	**17.935**

Die Investition in A (Kapitalwert = 47.399) bleibt im Vergleich zu B (Kapitalwert = 17.935) vorteilhaft.

Lösung Aufgabe 8.8:

Für Investition A ergibt sich ein positiver Kapitalwert i.H.v. 4.257 Euro, für Investition B ein negativer Kapitalwert i.H.v. −11.363 Euro.

Kalkulationszinssatz: 10%	t=0	t=1	t=2	t=3	t=4	t=5	Summe
Investition A "DrechselWeg"							
Einzahlungsüberschuss	-100.000	20.000	25.000	35.000	30.000	30.000	40.000
Einzahlungsüberschuss disk.	-100.000	18.182	20.661	26.296	20.490	18.628	**4.257**
Investition B "Holzprofi"							
Einzahlungsüberschuss	-100.000	10.000	10.000	30.000	35.000	40.000	25.000
Einzahlungsüberschuss disk.	-100.000	9.091	8.264	22.539	23.905	24.837	**-11.363**

Um das Sparbuch in die Bewertung mit einzubeziehen, müssen die Einzahlungsüberschüsse dieser Varianter für eine Laufzeit von 5 Jahren ermittelt werden:

Kalkulationszinssatz: 10%	t=0	t=1	t=2	t=3	t=4	t=5	Summe
Sparbuch							
Einzahlungsüberschuss	-100.000	0	0	0	0	115.927	15.927
Einzahlungsüberschuss disk.	-100.000	0	0	0	0	71.982	-28.018

$(115.927 = 100.000 \wedge 1,03 \wedge 5)$

Das Sparbuch ist mit einem Kapitalwert von -28.018 Euro die schlechteste Investitionsalternative.

Lösung Aufgabe 8.9:

Der interne Zinsfuß einer Investition ergibt sich durch Nullsetzen der Kapitalwertfunktion und anschließendes Auflösen nach dem (jetzt gesuchten) Kalkulationszinsfuß:

	t=0	t=1	t=2
Investition A "Drechselgut"			
Einzahlungen	0	85.000	80.000
Auszahlungen	-50.000	-50.000	-40.000
Einzahlungsüberschuss	-50.000	35.000	40.000
Investition B "Holzfräse"			
Einzahlungen	0	100.000	85.000
Auszahlungen	-60.000	-25.000	-35.000
Einzahlungsüberschuss	-60.000	75.000	50.000

A: Kapitalwert = $-50.000 + 35.000/q^1 + 90.000/q^2 = 0$

$-50.000 \cdot q^2 + 35.000 \cdot q^1 + 90.000 = 0$

$q^2 - 0{,}7 q^1 - 0{,}8 = 0$ daraus folgt: q= 1,3104686 und somit i= 0,3104686

B: Kapitalwert = $-60.000 + 75.000/q^1 + 50.000/q^2 = 0$

$-60.000 \cdot q^2 + 75.000 \cdot q^1 + 50.000 = 0$

$q^2 - 1{,}25 q^1 - 0{,}8333 = 0$ daraus folgt: q= 1,7313265 und somit i= 0,7313265

Investition A ist somit aufgrund eines internen Zinsfußes von 31,05% im Vergleich zu Investition B mit einem internen Zinsfuß von 73,13% unterlegen.

Lösung Aufgabe 8.10:

Der interne Zinsfuß einer Investition ergibt sich durch Nullsetzen der Kapitalwertfunktion und anschließendes Auflösen nach dem (jetzt gesuchten) Kalkulationszinsfuß:

	t=0	t=1	t=2
Investition A "DrechselWeg"			
Einzahlungen	0	38.000	42.000
Auszahlungen	-45.000	-20.000	-20.000
Einzahlungsüberschuss	-45.000	18.000	22.000
Investition B "Holzprofi"			
Einzahlungen	0	60.000	65.000
Auszahlungen	-60.000	-25.000	-35.000
Einzahlungsüberschuss	-60.000	35.000	30.000

A: Kapitalwert = $-45.000 + 18.000/q^1 + 22.000/q^2 = 0$

$-45.000 * q^2 + 18.000 * q^1 + 22.000 = 0$

$q^2 - 0,4 q^1 - 0,49 = 0$ daraus folgt: q= 0,9272475 und somit i= -0,0727525

B: Kapitalwert = $-60.000 + 35.000/q^1 + 30.000/q^2 = 0$

$-60.000 * q^2 + 35.000 * q^1 + 30.000 = 0$

$q^2 - 0,583 q^1 - 0,5 = 0$ daraus folgt: q= 1,056565 und somit i= 0,056565

Investition A ist somit aufgrund eines negativen internen Zinsfußes von -7,28% im Vergleich zu Investition B mit einem internen Zinsfuß von 5,66% unterlegen.

9. Finanzierung

9.1. Grundlagen

Wie im vorhergehenden Kapitel beschrieben, sind Investitionen zu Beginn des Planungszeitraumes in der Regel mit dem Abfluss finanzieller Mittel verbunden. Die Bezeichnungen „Finanzielle Mittel" und „Liquide Mittel" werden synonym verwendet und bezeichnen Bargeld sowie Sichtguthaben. Die Bereitstellung finanzieller Mittel wird als **Finanzierung** bezeichnet. Grundsätzlich können Finanzierungsformen nach der Rechtsstellung der Kapitalgeber sowie dem Wege der Mittelbereitstellung charakterisiert werden (vgl. Abbildung 38).[56]

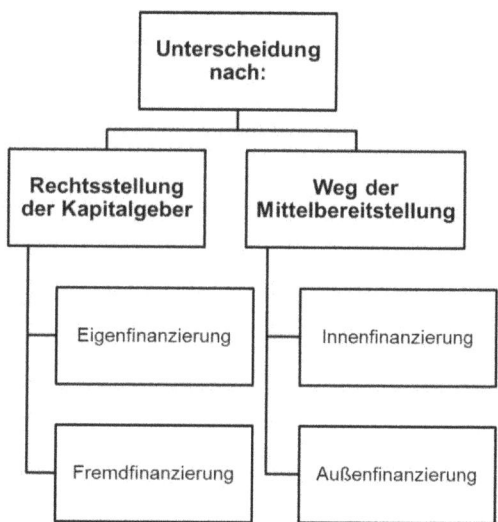

Abbildung 38: Unterscheidungskriterien von Finanzierungformen

---

[56] Vgl. hierzu und im Folgenden dieses Kapitels Perridon/Steiner (2016).

Liegt der Fokus auf der **Rechtsstellung der Kapitalgeber**, so ist zwischen Eigenfinanzierung und Fremdfinanzierung zu unterscheiden. Unter **Eigenfinanzierung** wird die Bereitstellung von Eigenkapital durch die Eigenkapitalgeber, d.h. die Eigentümer des Unternehmens, verstanden. Unter **Fremdfinanzierung** die Bereitstellung von Fremdkapital durch Fremdkapitalgeber, wie beispielsweise Banken. Der Weg der Mittelbereitstellung kann entweder unternehmensintern, in Form von Innenfinanzierung oder unternehmensextern, in Form von Außenfinanzierung erfolgen. Anhand der beiden grundsätzlichen Unterscheidungsmerkmale (Rechtsstellung der Kapitalgeber sowie Weg der Mittelbereitstellung) ist die Kategorisierung einzelner Finanzierungsarten möglich (vgl. Abbildung 39).

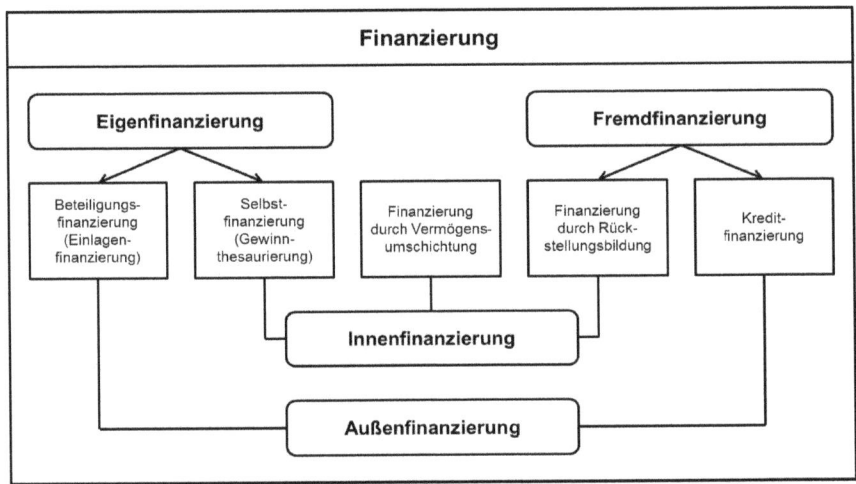

Abbildung 39: Finanzierungsarten[57]

Beteiligungsfinanzierung beschreibt die Zuführung finanzieller Mittel durch die Eigentümer bzw. Gesellschafter eines Unternehmens und ist den Bereichen

---

[57] Vgl. Perridon/Steiner (2016).

Eigenfinanzierung und Außenfinanzierung zuzurechnen. Bei einer Aktiengesellschaft fallen der Kauf bzw. Verkauf von Aktien in diese Kategorie. Grundsätzlich bestehen für jedes Unternehmen zwei Möglichkeiten, mit einem Periodenerfolg umzugehen: Er kann entweder an die Gesellschafter ausgeschüttet werden oder im Unternehmen verbleiben. Letztgenannte Variante wird als **Gewinnthesaurierung** bezeichnet und kann im Rahmen der **Selbstfinanzierung** eingesetzt werden. Selbstfinanzierung gehört zu den Bereichen Eigenfinanzierung und Außenfinanzierung. **Vermögensumschichtungen** beschreiben Veränderungen auf der Aktiv-Seite der Bilanz (Aktivtausch). Beispielsweise werden Vermögensgegenstände des Anlagevermögens veräußert, um zusätzliche finanzielle Mittel zu generieren. Eine Finanzierung durch Vermögensumschichtung ist Teil der Innenfinanzierung, die Zuordnung zur Eigen- oder Fremdfinanzierung ist nicht eindeutig möglich. Finanzierung durch **Rückstellungsbildung** basiert auf der unterschiedlichen Behandlung von Aufwand und Auszahlungen. Die Bildung einer Rückstellung stellt Aufwand dar und reduziert den Periodenerfolg. Es fällt aber keine Auszahlung, also kein Abfluss liquider Mittel an. Diese „zusätzlich" vorhandenen finanziellen Mittel können für Finanzierungszwecke genutzt werden. (Dem gleichen Prinzip unterliegt die Finanzierung aus Abschreibungen.) Von erheblicher Bedeutung ist die **Kreditfinanzierung**, die den Bereichen Außen- und Fremdfinanzierung zuzurechnen ist. Sie umfasst wichtige Finanzierungsarten, wie die Aufnahme eines Darlehens, eines Lieferantenkredites oder die Herausgabe von Anleihen.

Eigenkapital und **Fremdkapital** unterscheiden sich in wesentlichen Merkmalen (vgl. Tabelle 29).

Merkmal	Fremdkapital	Eigenkapital
Kapitalrückfluss bei Liquidation	Vorrangig aus Vermögensmasse (Festbetrag)	Nachrangig aus Vermögensmasse (Restbetrag)
Vergütungsanspruch	Zins vertraglich fixiert (Festbetrag)	Dividende erfolgsabhängig (Restbetrag)
Leitungsanspruch für Kapitalgeber	nein	ja
Zeitliche Verfügbarkeit für Kapitalnehmer	befristet	unbefristet

Tabelle 29: Merkmale von Fremdkapital und Eigenkapital[58]

Eigen- und Fremdkapital werden unterschiedlich im Falle einer Unternehmensinsolvenz behandelt. Fremdkapital wird vorrangig aus der zur Verfügung stehenden Vermögensmasse bedient. Eigenkapital wird nachrangig bedient, in der Regel erhalten die Eigenkapitalgeber somit keinen Kapitalrückfluss. Fremdkapital ist mit einem vertraglich fest vereinbarten Vergütungsanspruch verbunden. Der Fremdkapitalzins ist wesentliches Element des Darlehensvertrages. Die Eigenkapitalgeber partizipieren am Erfolg des Unternehmens, bei Aktiengesellschaften in Form der Dividendenzahlungen. Die Erfolgsbeteiligung kann jedoch auch ausfallen, oder in Abhängigkeit von der Rechtsform negativ sein. Fremdkapitalgeber besitzen keinen Anspruch auf die Leitung des Unternehmens. Eigenkapitalgeber jedoch schon, bei Aktiengesellschaften üben sie diesen indirekt über die Hauptversammlung und den Aufsichtsrat aus. Fremdkapital wird im Allgemeinen befristet, also mit einer festgelegten Laufzeit, einem Unternehmen zur Verfügung gestellt. Eigenkapital ist unbefristet verfügbar.

---

[58] Vgl. Wöhe (2016).

Neben den geschilderten Merkmalen unterscheiden sich Eigen- und Fremdkapital ferner in ihren Funktionen. Das Eigenkapital stellt die **Finanzierungsbasis** eines Unternehmens dar. Die Bonität eines Unternehmens steigt mit der Höhe des Eigenkapitals, Eigenkapital ist somit eine wesentliche Maßgröße zur Kreditwürdigkeitsbeurteilung. Ein negativer Jahresüberschuss, also ein Verlust, kann vom Eigenkapital aufgefangen werden. Da das Eigenkapital in einem solchen Fall abnimmt, steht die Eigenkapitalhöhe in direkter Beziehung zu den theoretisch tragbaren Verlusten bzw. Verlustzeiträumen. Schließlich ist das Eigenkapital eine Messgröße zur Erfolgsverteilung. Bei mehreren Gesellschaftern kann der Periodenerfolg gemäß den jeweiligen Eigenkapitalanteilen ausgeschüttet werden.

Fremdkapital dient - wie auch das Eigenkapital - der Deckung des langfristigen **Kapitalbedarfes**. Es spielt des Weiteren eine bedeutende Rolle im Rahmen der **Liquiditätsoptimierung**. So ist es weder effizient noch realisierbar für jede Auszahlung Eigenkapital in entsprechender Höhe zu verwenden oder sogar neu aufzunehmen. Insbesondere Auszahlungen mit geringer Höhe können zielführend durch Fremdkapital, beispielsweise durch einen Kontokorrentkredit, gedeckt werden.

Bei der Entscheidung welche Vermögensgegenstände durch Eigenkapital und welche durch Fremdkapital zu finanzieren sind, ist die **Fristenkongruenz** (**Goldene Finanzierungsregel**) zu beachten. Langfristig gebundenes Vermögen, d.h. Anlagevermögen, sollte langfristig durch Eigenkapital oder langfristiges Fremdkapital finanziert werden. Kurzfristig gebundenes Vermögen, d.h. Umlaufvermögen, kann dagegen auch kurzfristig finanziert werden. Wird beim langfristigen Vermögen die Fristenkongruenz nicht ausreichend beachtet, so bestehen Zinsänderung- und Liquiditätsrisiken, wenn ein kurzfristiges Darlehen ausläuft.

Aus den spezifischen Eigenschaften von Eigen- und Fremdkapital ergeben sich für das Finanzmanagement eines Unternehmens zwei - sich teilweise widersprechende - Zielsetzungen:

1. Die **Optimierung des Kapitalbereiches**: Eigenkapital und Fremdkapital sind mit unterschiedlichen Kosten verbunden. Während für Fremdkapital in der Regel ein vertraglich vereinbarter Zinssatz zu entrichten ist, wird für Eigenkapital ein kalkulatorischer Kostenansatz gewählt. Im Regelfall ist davon auszugehen, dass Fremdkapital günstiger als Eigenkapitel ist. Dies kann unter anderem durch das höhere Risiko der Eigenkapitalgeber begründet werden. Aus der Kostenperspektive spricht vieles für eine hohe Fremdkapitalquote. Aus einer Risikoperspektive jedoch für eine hohe Eigenkapitalquote, da Eigenkapital als Risikopolster fungiert. Es ist also das optimale Verhältnis von Eigen- zu Fremdkapital zu bestimmen und entsprechend im Unternehmen umzusetzen.

2. Die **Sicherung der Zahlungsbereitschaft**: Ein Unternehmen muss jederzeit in der Lage sein, seine Zahlungsverpflichtungen zu erfüllen, ansonsten liegt ein Insolvenztatbestand vor. Die künftigen Auszahlungen sind daher kurz-, mittel- und langfristig zu prognostizieren und mit entsprechenden Einzahlungen zu hinterlegen. Je höher die Zahlungsmittelbestände eines Unternehmens sind, desto besser ist das Unternehmen gegen unerwartete Zahlungsmittelabflüsse geschützt. Es ist jedoch zu bedenken, dass hohe Zahlungsmittelbestände, solange sie nicht genutzt werden, unrentabel sind. Es besteht also auch hier ein Zielkonflikt zwischen Sicherheit und Rentabilität.

Bei allen Entscheidungen im Rahmen der Anlage finanzieller Mittel, sind die drei miteinander konkurrierenden Ziele, Rentabilität, Risiko und Liquidität zu berücksichtigen. **Rentabilität** (Rendite) beschreibt den Gewinn einer Finanzanlage bezogen auf das eingesetzte Kapital. **Risiko** kann als Abweichung vom Erwartungswert (z.B. von dem erwarteten Gewinn) interpretiert werden. **Liquidität** bezeichnet in diesem Kontext die Geschwindigkeit und die Komplexität, mit der eine Finanzanlage wieder in liquide Mittel umgewandelt werden kann. Es ist nicht möglich, alle drei Zielgrößen gleichzeitig zu optimieren. Die Verbesserung einer Größe wirkt sich in der Regel negativ auf eine oder gar beide anderen Zielwerte aus. Es gilt somit genau zu analysieren, welche Rendite-, Risiko- und Liquiditätsausprägungen erreicht bzw. toleriert werden können.

9.2. Aufgaben

Aufgabe 9.1:

Zur Durchführung der geplanten Investitionen benötigt die Stuhl GmbH finanzielle Mittel. Lars und Lisa diskutieren verschiedene Finanzierungsformen. Anhand welcher Kriterien können diese kategorisiert werden?

Aufgabe 9.2:

Nachdem die Stuhl GmbH sich am Markt etablieren konnte, ist es an der Zeit, einen ersten Überblick über die Rentabilität des eingesetzten Kapitals zu erhalten. Lisa Lignum hat die dafür notwendigen Daten zusammengestellt. Berechnen Sie Eigenkapital- und Gesamtkapitalrendite!

	Aktuelle Periode	Vorperiode
Eigenkapital	50.000	25.000
Fremdkapital	100.000	80.000
Fremdkapitalzinssatz	4%	4%
Gewinn vor Zinsen	40.000	30.000
Eigenkapitalrendite		
Gesamtkapitalrendite		

Finanzierung

Aufgabe 9.3:

Berechnen Sie auf Basis der folgenden Daten Eigen- und Gesamtkapitalrendite:

	Aktuelle Periode	**Vorperiode**
Eigenkapital	55.000	55.000
Gesamtkapital	180.000	200.000
Fremdkapitalzinssatz	4%	4%
Gewinn nach Zinsen	35.000	46.000
Eigenkapitalrendite		
Gesamtkapitalrendite		

Aufgabe 9.4:

Die Stuhl GmbH verfügt über 50.000 Euro Eigenkapital und über 200.000 Euro Fremdkapital. Die Eigenkapitalkosten betragen 10%, die Fremdkapitalkosten 5%. Berechnen Sie den Gesamtkapitalkostensatz. Wie verändern sich die Gesamtkapitalkosten, wenn von einem Unternehmenssteuersatz von 40% ausgegangen wird?

Aufgabe 9.5:

Lars und Lisa studieren die Bilanz der letzten Periode. Lisa weist dabei auf ein strukturelles Ungleichgewicht hin. Erläutern Sie dieses anhand der Fristenkongruenzregel!

Aktiva		Passiva	
Anlagevermögen		**Eigenkapital**	
Gebäude	40.000	Stammkapital	25.000
Maschinen	15.000		
PKW	10.000	**Fremdkapital**	
		Rückstellungen	20.000
Umlaufvermögen		Darlehen (kurzfr.)	30.000
Vorräte	15.000	Verbindl. L+L	10.000
Kasse	5.000		
Summe:	**85.000**		**85.000**

Aufgabe 9.6:

Lisa und Lars diskutieren die Vor- und Nachteile von Eigen- und Fremdfinanzierung. Nennen Sie ökonomische Unterscheidungsmerkmale von Eigen- und Fremdfinanzierung in der Außenfinanzierung.

9.3. Lösungen

Lösung Aufgabe 9.1:

Es kann zum einen nach der Rechtsstellung der Kapitalgeber und zum anderen nach dem Wege der Mittelbereitstellung unterschieden werden:

1. Rechtsstellung der Kapitalgeber:

   - Eigenfinanzierung: Aufnahme von Eigenkapital

   - Fremdfinanzierung: Aufnahme von Fremdkapital

2. Weg der Mittelbereitstellung:

   - Innenfinanzierung: Generierung finanzieller Mittel innerhalb des Unternehmens

   - Außenfinanzierung: Zuführung finanzieller Mittel von Außen

Lösung Aufgabe 9.2:

Die Eigenkapitalrendite ergibt sich aus dem Quotienten des Gewinns nach Zinsen zum Eigenkapital. Die Gesamtkapitalrendite ergibt sich aus dem Quotienten des Gewinns vor Zinsen zum Gesamtkapital:

	Aktuelle Periode	**Vorperiode**
Eigenkapital	50.000	25.000
Fremdkapital	100.000	80.000
Gesamtkapital	150.000	105.000
Fremdkapitalzinssatz	4%	4%
Fremdkapitalzinsen	4.000	3.200
Gewinn vor Zinsen	30.000	20.000
Gewinn nach Zinsen	26.000	16.800
Eigenkapitalrendite	52,00%	67,20%
Gesamtkapitalrendite	20,00%	19,05%

Eigenkapitalrendite=26.000/50.000=52,00% bzw. 16.800/25.000=67,20%

Gesamtkapitalrendite=30.000/150.000=20,00% bzw. 20.000/105.000=19,05%

Lösung Aufgabe 9.3:

	Aktuelle Periode	Vorperiode
Eigenkapital	55.000	55.000
Fremdkapital	125.000	145.000
Gesamtkapital	180.000	200.000
Fremdkapitalzinssatz	4%	4%
Fremdkapitalzinsen	5.000	5.800
Gewinn vor Zinsen	40.000	51.800
Gewinn nach Zinsen	35.000	46.000
Eigenkapitalrendite	63,64%	83,64%
Gesamtkapitalrendite	22,22%	25,90%

Lösung Aufgabe 9.4:

Die Gesamtkapitalkosten ergeben sich aus den gewichteten Eigen- und Fremdkapitalkosten:

Gesamtkapitalkosten = Eigenkapital/Gesamtkapital*Eigenkapitalkosten + Fremdkapital/Gesamtkapital*Fremdkapitalkosten

Gesamtkapitalkosten = 50.000/250.000*0,1 + 200.000/250.000*0,05 = 0,06 = 6%

Bei der Berücksichtigung von Steuern muss die Abzugsfähigkeit der Fremdkapitalkosten von der Steuerbemessungsgrundlage berücksichtigt werden:

Gesamtkapitalkosten = Eigenkapital/Gesamtkapital*Eigenkapitalkosten + Fremdkapital/Gesamtkapital*Fremdkapitalkosten*(1 − Steuersatz)

Gesamtkapitalkosten = 50.000/250.000*0,1 + 200.000/250.000*0,05*(1-0,4) = 0,044 = 4,4%

Lösung Aufgabe 9.5:

Ein Blick auf die Bilanz zeigt, dass das langfristige Vermögen i.H.v. 65.000 Euro lediglich durch langfristiges Kapital i.H.v. 45.000 Euro finanziert wird. Dem kurzfristigen Vermögen (20.000 Euro) steht kurzfristiges Kapital i.H.v. 40.000 Euro gegenüber. Zu empfehlen wäre eine Umschichtung der kurzfristigen Darlehen in Darlehen mit längeren Laufzeiten.

Aktiva		Passiva	
Anlagevermögen		**Eigenkapital**	
Gebäude	40.000	Stammkapital	25.000
Maschinen	15.000		
PKW	10.000	**Fremdkapital**	
		Rückstellungen	20.000
Umlaufvermögen		Darlehen (kurzfr.)	30.000
Vorräte	15.000	Verbindl. L+L	10.000
Kasse	5.000		
Summe:	**85.000**		**85.000**

Lösung Aufgabe 9.6:

Merkmal	Fremdkapital	Eigenkapital
Kapitalrückfluss bei Liquidation	Vorrangig aus Vermögensmasse (Festbetrag)	Nachrangig aus Vermögensmasse (Restbetrag)
Vergütungsanspruch	Zins vertraglich fixiert (Festbetrag)	Gewinnbeteiligung erfolgsabhängig (Restbetrag)
Leitungsanspruch	nein	ja
Zeitliche Verfügbarkeit	befristet	unbefristet

10. Externes Rechnungswesen

10.1. Grundlagen

Das Rechnungswesen dient in erster Linie der **Informationsversorgung** unterschiedlicher Adressatengruppen und wird in die beiden Bereiche „Internes Rechnungswesen" und „Externes Rechnungswesen" unterteilt.[59] Während das **interne Rechnungswesen** verschiedene Zwecke der betriebsinternen Planung, Steuerung und Kontrolle erfüllt, dient das **externe Rechnungswesen** darüber hinaus auch der Information unternehmensexterner Personen und Organisationen.

Im externen Rechnungswesen werden die Geschäftsvorfälle eines Unternehmens nach gesetzlichen Normen und anerkannten Rechnungslegungsgrundsätzen dokumentiert. Die dokumentierten Geschäftsvorfälle können dann zur Informationsversorgung unterschiedlicher Adressaten genutzt werden. Schließlich erfüllt das externe Rechnungswesen eine Zahlungsbemessungsfunktion. Rechte und Pflichten einzelner Personen oder Personengruppen, wie beispielsweise Gewinnbeteiligungen, werden insbesondere durch den Jahresabschluss quantifiziert. Der Begriff „extern" leitet sich aus Art und Anzahl der **Adressatengruppen** ab, die ein Interesse an den im externen Rechnungswesen generierten Informationen besitzen. Neben den Eigentümern und dem Management sind dies unternehmensexterne Gruppen (vgl. Abbildung 40).

---

[59] Vgl. hierzu und im Folgenden dieses Kapitels z.B. Coenenberg (2018).

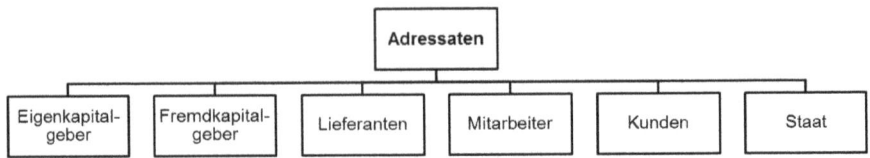

Abbildung 40: Adressaten des externen Rechnungswesens

So schätzten die **Fremdkapitalgeber** (z.B. Banken) die Bonität vor Kreditvergabe auf Basis von Jahresabschlussinformationen ein. Auch **Lieferanten**, die evtl. in Vorleistung gegangen sind, haben ein großes Interesse an der Fähigkeit eines Unternehmens, die eingegangenen Verbindlichkeiten auch zu erfüllen. **Mitarbeiter** sind an ihrer Arbeitsplatzsicherheit interessiert, die zu erheblichen Teilen von der wirtschaftlichen Situation des Unternehmens abhängt. Für **Kunden** spielt es ferner eine Rolle, dass ein Unternehmen auch nach Vertragsabschluss Gewährleistungsansprüche oder die Versorgung mit Ersatzteilen sicherstellen kann. Der **Staat** partizipiert in Form von Steuern am Unternehmenserfolg. Die Bemessungsgrundlage für wesentliche Steuerarten ist dem Jahresabschluss zu entnehmen. Um das Informationsinteresse der externen Anspruchsgruppen zu gewährleisten, existieren in Abhängigkeit von Rechtsform und Unternehmensgröße **Publizitätsverpflichtungen**, die sich in unterschiedlichen Gesetzten widerspiegeln.

Charakterisierend für das externe Rechnungswesen ist der Bezug auf unterschiedlichste Gesetze, die entsprechend zu befolgen sind. Von besonderer Bedeutung ist das **Handelsgesetzbuch** (HGB), in dessen Geltungsbereich nahezu alle Unternehmen fallen. Darüber hinaus spielt das **Steuerrecht**, das wiederum in verschiedene Gesetzeswerke wie das Einkommensteuerrecht (EstG), das Körperschaftssteuerrecht (KStG) oder die Abgabenordnung (AO) zu unterteilen ist, eine erhebliche Rolle. Dies ist darauf zurückzuführen, dass Handelsrecht und Steuerrecht nicht deckungsgleich sind, sondern sich durchaus widersprechen können und somit beide explizit berücksichtigt werden müssen. Für die Rechnungslegung kapitalmarktorientierte Unternehmen besitzen ferner die **IFRS** (International Financial Reporting Standards) besondere Relevanz, da sie für konsolidierte Abschlüsse seit 2005 zwingen Anwendung finden.

Die **Pflicht zur Buchführung** ergibt sich aus § 238 Abs. 1 HGB:

„Jeder Kaufmann ist verpflichtet, Bücher zu führen und in diesen seine Handelsgeschäfte und die Lage seines Vermögens nach den Grundsätzen ordnungsmäßiger Buchführung ersichtlich zu machen. Die Buchführung muss so beschaffen sein, dass sie einem sachverständigen Dritten innerhalb angemessener Zeit einen Überblick über die Geschäftsvorfälle und über die Lage des Unternehmens vermitteln kann. Die Geschäftsvorfälle müssen sich in ihrer Entstehung und Abwicklung verfolgen lassen."

Es ist zu beachten, dass der Begriff „Kaufmann" im HGB relativ weit gefasst ist. Grundsätzlich fällt jeder Gewerbebetrieb hierunter. Ausnahmen existieren für Kleinstunternehmen und Freiberufler. Eine weitergehende Konkretisierung der Pflichten erfolgt in § 240 Abs. 1 und Abs 2. HGB:

„Jeder Kaufmann hat zu Beginn seines Handelsgewerbes seine Grundstücke, seine Forderungen und Schulden, den Betrag seines baren Geldes sowie seine sonstigen Vermögensgegenstände genau zu verzeichnen und dabei den Wert der einzelnen Vermögensgegenstände und Schulden anzugeben.

Er hat demnächst für den Schluss eines jeden Geschäftsjahrs ein solches Inventar aufzustellen. Die Dauer des Geschäftsjahrs darf zwölf Monate nicht überschreiten. Die Aufstellung des Inventars ist innerhalb der einem ordnungsmäßigen Geschäftsgang entsprechenden Zeit zu bewirken."

Der in § 240 definierte Begriff des **Inventars** ist von besonderer Bedeutung, da aus ihm der Aufbau einer **Bilanz** abgeleitet werden kann: Die Bilanz zeigt zu einem bestimmten Stichtag die Gegenüberstellung von Vermögen auf der einen Seite (Aktiva) und Kapital auf der anderen Seite (Passiva). Die **Aktivseite** zeigt somit die Mittelverwendung und wird in die beiden Bereiche Anlagevermögen und Umlaufvermögen unterteilt. Unter **Anlagevermögen** werden alle Vermögensgegenstände subsumiert, die langfristig dem Unternehmen zur Verfügung stehen. Das **Umlaufvermögen** beinhaltet all jene Vermögensgegenstände, die nur kurzfristig im Unternehmen verbleiben. Die **Passivseite** zeigt die Mittelherkunft und wird in die beiden Bereiche Eigenkapital und Fremdkapital unterteilt. **Eigenkapital** ist Kapital, welches von den Eigentümern des Unternehmens zur Verfügung gestellt wird, **Fremdkapital** stammt von den Fremdkapitalgebern. Aus den Prinzipien der doppelten Buchführung folgt zwingend, dass die Summe der Aktiva, der Summe der Passiva entspricht (vgl. Abbildung 41).

Aktiva	Bilanz zum 31.12.2018	Passiva
Anlagevermögen		Eigenkapital
Umlaufvermögen		Fremdkapital
Summe Aktiva		Summe Passiva

Abbildung 41: Schematische Darstellung einer Bilanz

In Abhängigkeit von der Unternehmensgröße fällt die Gliederungstiefe der Bilanz unterschiedlich aus. Die wesentlichen Gliederungspunkte nach § 266 Abs. 2 und Abs. 3 sind Abbildung 42 zu entnehmen. Für mittelgroße und große Kapitalgesellschaften gelten darüber hinaus weitere Gliederungspunkte.

Aktiva	Passiva
A. Anlagevermögen	**A. Eigenkapital**
I. Immaterielle Vermögensgegenstände	I. Gezeichnetes Kapital
II. Sachanlagen	II. Kapitalrücklage
III. Finanzanlagen	III. Gewinnrücklagen
	IV. Gewinn- / Verlustvortrag
	V. Jahresüberschuss / -fehlbetrag
B. Umlaufvermögen	**B. Rückstellungen**
I. Vorräte	
II. Forderungen und sonstige Vermögensgegenstände	**C. Verbindlichkeiten**
III. Wertpapiere	
IV. Kassenbestand, Schecks, Guthaben u.ä.	
C. Rechnungsabgrenzungsposten	**D. Rechnungsabgrenzungsposten**

Abbildung 42: Bilanzschema nach § 266 HGB

Immaterielle Vermögensgegenstände sind Vermögensgegenstände, die keine physische Substanz aufweisen und nicht finanzieller Natur sind. Hierunter fallen beispielsweise Patente, Lizenzen oder Konzessionen. **Sachanlagen** weisen i.d.R. physische Substanz auf und umfassen u.a. Grundstücke, Gebäude, Technische Anlagen und Maschinen, Betriebs- und Geschäftsausstattung sowie Fahrzeuge. **Finanzanlagen** sind Vermögensgegenstände finanzieller Natur, wie beispielsweise Beteilungen oder Wertpapiere.

Vorräte sind Vermögensgegenstände, die in der Produktion, bei der Erbringung von Dienstleitungen oder zur Weiterveräußerung angeschafft oder selbst erstellt wurden. Vorräte können untergliedert werden in Roh-, Hilfs-, und Betriebsstoffe, fertige und unfertige Erzeugnisse, Waren und geleistete

Anzahlungen. **Forderungen aus Lieferungen und Leistungen** entstehen, wenn ein Produkt oder eine Dienstleistung an einen Kunden verkauft wurde, der Kunde die ausstehende Rechnung jedoch noch nicht bezahlt hat. **Wertpapiere** des Umlaufvermögens werden von Finanzanlagen (Anlagevermögen) durch ihre kurzfristige Anlageperspektive abgegrenzt. Kassenbestände, Schecks, Sichtguthaben und ähnliche Vermögensgegenstände bilden die Position der **liquiden Mittel**. Sogenannte (transitorische) **Rechnungsabgrenzungsposten** entstehen durch das Periodisierungsprinzip und dienen der periodengerechten Zuordnung von Aufwendungen und Erträgen.

Das **Eigenkapital** wird bei Kapitalgesellschaften in fünf Unterkategorien gegliedert. Das **gezeichnete Kapital** ist auf Dauer im Unternehmen gebunden, wird aufgrund gesetzlicher Vorschriften in seiner Höhe voll ausgewiesen und kann lediglich bei Aktiengesellschaften durch die Hauptversammlung und bei einer GmbH durch die Gesellschafterversammlung durch einen entsprechenden Beschluss herab- oder heraufgesetzt werden. Die **Kapitalrücklage** beinhaltet die einer Kapitalgesellschaft, von ihren Eigentümern neben dem gezeichneten Kapital zusätzlich zugeführten Eigenkapitalanteile. Grundsätzlich kann ein Unternehmen den erzielten Gewinn an die Eigentümer ausschütten oder thesaurieren. Der thesaurierte Gewinn fließt in die **Gewinnrücklage**. Ein **Gewinn- bzw. Verlustvortrag** entsteht aus Teilen des Jahresüberschusses, der in den Vorjahren weder ausgeschüttet noch in die Gewinnrücklagen eingestellt wurde. Der **Jahresüberschuss bzw. Jahresfehlbetrag** ist die aus der Gewinn- und Verlustrechnung entstehende Differenz aus Erträgen und Aufwendungen der aktuellen Periode.

Verbindlichkeiten sind Verpflichtungen eines Unternehmens, die am Bilanzstichtag der Höhe und Fristigkeit nach genau feststehen. Sie umfassen

Externes Rechnungswesen

Anleihen, Verbindlichkeiten gegenüber Kreditinstituten, Verbindlichkeiten aus Lieferungen und Leistungen sowie sonstige Verbindlichkeiten. **Rückstellungen** sind Verpflichtungen eines Unternehmens, die in ihrer Höhe und/oder ihres zeitlichen Eintretens ungewiss sind, aber mit hinreichender Sicherheit erwartet werden.

Die **Gewinn- und Verlustrechnung** (GuV) ist eine Zeitraumrechnung und zeigt Zusammensetzung sowie Veränderung des Periodenerfolges eines Unternehmens. Von den Erträgen einer Periode werden die Aufwendungen abgezogen. Die Differenz wird als Periodenerfolg oder **Jahresüberschuss** bzw. **Jahresfehlbetrag** bezeichnet. Als **Aufwand** wird der bewertete Güterverzehr, also der Rückgang des Gesamtvermögens, eines Unternehmens in einer Periode bezeichnet. Unter **Ertrag** ist spiegelbildlich der bewertete Güterzuwachs, also ein Anstieg des Gesamtvermögens, eines Unternehmens in einer Periode zu verstehen.

In Deutschland ermöglicht der Gesetzgeber zwei unterschiedliche Darstellungsformen der Gewinn- und Verlustrechnung. Beide Formen unterscheiden sich in ihrem Aufbau und in ihrer Gliederung. Der ermittelte Periodenerfolg ist nach beiden Verfahren identisch. Beim **Umsatzkostenverfahren** (UKV) steht die Frage im Vordergrund, was in der Periode verkauf wurde. Von den Verkaufserlösen werden die Aufwendungen abgezogen, die durch die verkauften Produkte verursacht wurden. Das Umsatzkostenverfahren ist somit absatzorientiert. Beim Gesamtkostenverfahren wird der Gesamtertrag den gesamten Kosten gegenübergestellt, somit also eine outputorientierte Sichtweise gewählt. Der Gesamtertrag umfasst neben den Umsatzerlösen ferner Bestandsveränderungen, also Lagerbewegungen und aktivierte Eigenleistungen (vgl. Abbildung 43).

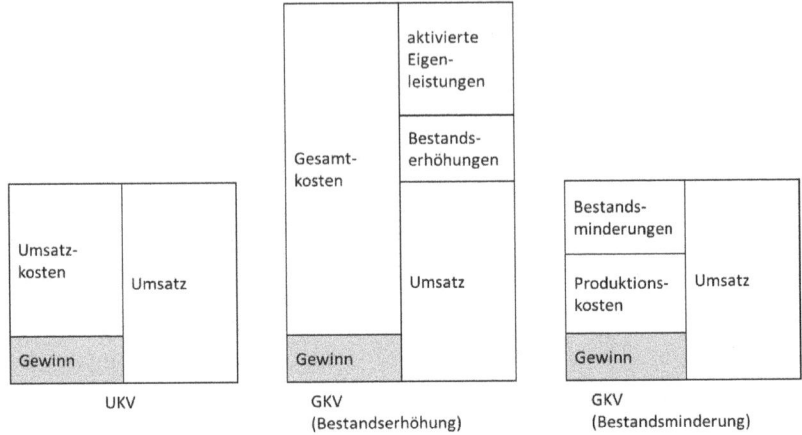

Abbildung 43: Umsatzkosten- und Gesamtkostenverfahren

Die genaue Gliederung der Gewinn- und Verlustrechnung nach UKV und GKV ist § 275 HGB zu entnehmen (vgl. Abbildung 44). Die beiden Zwischensummen EBIT und EBT wurden nachträglich eingefügt und sind nicht gesetzlich vorgesehen. Unter **EBIT** (earnings before interest and taxes) ist der Gewinn vor Berücksichtigung des Finanzergebnisses sowie vor Steuerabzug zu verstehen. **EBT** (earnings before taxes) beschreibt Gewinn vor Steuern. Beide Erfolgsgrößen sind in der Praxis weit verbreitet, da sie im Vergleich zum Jahresüberschuss schwieriger durch bilanzpolitische Maßnahmen zu beeinflussen sind und näher am eigentlichen, operativen Unternehmenserfolg sind. EBIT wird daher oftmals mit Betriebserfolg übersetzt oder als operatives Ergebnis bezeichnet. Von weiterer Bedeutung ist das **EBITDA** (earnings before interest, taxes, depreciation and amortization), welches den Gewinn vor dem Finanzergebnis, vor Steuern und vor Abschreibungen beschreibt. Das EBITDA gilt durch die Exklusion der Abschreibungs- und Investitionspolitik als besonders robust. Der Jahresüberschuss bzw. Jahresfehlbetrag wird am Ende der Rechnungsperiode erfolgswirksam in das Eigenkapital gebucht. Ein Jahresüberschuss erhöht das Eigenkapital, ein Fehlbetrag führt zu einer Eigenkapitalreduktion.

Gesamtkostenverfahren	Umsatzkostenverfahren
1. Umsatzerlöse	1. Umsatzerlöse
2. Erhöhung oder Verminderung des Bestands an fertigen und unfertigen Erzeugnissen	2. Herstellungskosten der zur Erzielung der Umsatzerlöse erbrachten Leistungen
3. andere aktivierte Eigenleistungen	3. Bruttoergebnis vom Umsatz
4. sonstige betriebliche Erträge	4. Vertriebskosten

5. Materialaufwand:
  a) Aufwendungen für Roh-, Hilfs- und Betriebsstoffe und für bezogene
  b) Aufwendungen für bezogene
	5. allgemeine Verwaltungskosten
	6. sonstige betriebliche Erträge
	7. sonstige betriebliche Aufwendungen

6. Personalaufwand:
  a) Löhne und Gehälter
  b) soziale Abgaben und Aufwendungen für Altersversorgung und für davon für Altersversorgung	

7. Abschreibungen:
  a) auf immaterielle Vermögensgegenstände des
  b) auf Vermögensgegenstände des Umlaufvermögens, soweit diese die in der Kapitalgesellschaft üblichen Abschreibungen überschreiten	

8. sonstige betriebliche Aufwendungen	
= EBIT (earnings before interest and taxes)	= EBIT (earnings before interest and taxes)
9. Erträge aus Beteiligungen, davon aus verbundenen Unternehmen	8. Erträge aus Beteiligungen, davon aus verbundenen Unternehmen
10. Erträge aus anderen Wertpapieren und Ausleihungen des davon aus verbundenen Unternehmen	9. Erträge aus anderen Wertpapieren und davon aus verbundenen Unternehmen
11. sonstige Zinsen und ähnliche Erträge, davon aus verbundenen Unternehmen	10. sonstige Zinsen und ähnliche Erträge, davon aus verbundenen Unternehmen
12. Abschreibungen auf Finanzanlagen und auf Wertpapiere des	11. Abschreibungen auf Finanzanlagen und auf
13. Zinsen und ähnliche Aufwendungen, davon an verbundene Unternehmen	12. Zinsen und ähnliche Aufwendungen, davon an verbundene Unternehmen
= EBT (earnings before taxes)	= EBT (earnings before taxes)
14. Steuern vom Einkommen und vom Ertrag	13. Steuern vom Einkommen und vom Ertrag
15. Ergebnis nach Steuern	14. Ergebnis nach Steuern
16. sonstige Steuern	15. sonstige Steuern
17. **Jahresüberschuss/Jahresfehlbetrag**	16. **Jahresüberschuss/Jahresfehlbetrag**

Abbildung 44: Gewinn- und Verlustrechnung nach § 275 HGB

Bilanz und GuV bilden nach § 242 Abs. 1 bis Abs. 3 HGB den **Jahresabschluss** eines Unternehmens:

„Der Kaufmann hat zu Beginn seines Handelsgewerbes und für den Schluß eines jeden Geschäftsjahrs einen das Verhältnis seines Vermögens und seiner Schulden darstellenden Abschluß (Eröffnungsbilanz, Bilanz) aufzustellen. Auf die Eröffnungsbilanz sind die für den Jahresabschluß geltenden Vorschriften entsprechend anzuwenden, soweit sie sich auf die Bilanz beziehen.

Er hat für den Schluß eines jeden Geschäftsjahrs eine Gegenüberstellung der Aufwendungen und Erträge des Geschäftsjahrs (Gewinn- und Verlustrechnung) aufzustellen.

Die Bilanz und die Gewinn- und Verlustrechnung bilden den Jahresabschluß."

§ 264 Abs. 1 HGB erweitert den Jahresabschlussbegriff für Kapitalgesellschaften:

„Die gesetzlichen Vertreter einer Kapitalgesellschaft haben den Jahresabschluß (§ 242) um einen Anhang zu erweitern, der mit der Bilanz und der Gewinn- und Verlustrechnung eine Einheit bildet, sowie einen Lagebericht aufzustellen."

10.2. Aufgaben

Aufgabe 10.1:

Zum Ende des ersten Geschäftsjahres wird die Bilanz der Stuhl GmbH aufgestellt. Für Lars, der damit bisher keine Berührungspunkte hatte, entstehen viele offene Fragen:

1) Was ist eigentlich eine „Bilanz"?
2) Was steht auf der sogenannten „Aktivseite" und was auf der „Passivseite"?
3) Was ist unter „Anlagevermögen" und unter „Umlaufvermögen" zu verstehen?
4) Was ist „Eigenkapital" und „Fremdkapital"?

Aufgabe 10.2:

Die Stuhl GmbH wurde zum 01.01.2018 gegründet (Stammkapital: 25.000 Euro). Im Jahr 2018 fielen folgende Geschäftsvorfälle an:

Aufnahme eines Darlehens 100.000 Euro.

Kauf eines PKW´s für 30.000 Euro.

Holzeinkauf für 10.000 Euro.

Umsatzerlöse 160.000 Euro.

Kauf einer CNC-Drechselbank für 60.000 Euro.

Kauf einer Software für 3.000 Euro.

Bildung einer Rückstellung von 15.000 Euro.

Alle Abschreibungen, Zinsen, Tilgungen fallen aus Vereinfachungsgründen erst in der Folgeperiode an. Erstellen Sie die Bilanz zum 31.12.2018.

Aufgabe 10.3:

Die Stuhl GmbH wurde zum 01.01.2018 gegründet (Stammkapital: 25.000 Euro). Im Jahr 2018 fielen folgende Geschäftsvorfälle an:

Aufnahme eines Darlehens 200.000 Euro.

Zinsen für das Darlehen: 10.000 Euro

Kauf eines PKW´s für 40.000 Euro.

Abschreibungen PKW: 5.000 Euro

Holzeinkauf für 20.000 Euro.

Umsatzerlöse 250.000 Euro.

Kauf einer CNC-Drechselbank für 60.000 Euro.

Abschreibungen CNC-Drechselbank: 6.000 Euro

Kauf einer Software für 4.000 Euro.

Bildung einer Rückstellung von 5.000 Euro.

Erstellen Sie die Bilanz zum 31.12.2018. Berechnen Sie ferner die Eigenkapital- und Fremdkapitalquote.

Aufgabe 10.4:

Erklären Sie Lars Lignum, welche Informationen die Gewinn- und Verlustrechnung (GuV) der Stuhl GmbH enthält. Definieren Sie ferner die Begriffe „Aufwand" und „Ertrag".

Aufgabe 10.5:

Erstellen Sie für die Stuhl GmbH die Gewinn- und Verlustrechnung nach dem Gesamtkostenverfahren:

Abschreibungen: 20.000 Euro

Materialaufwand: 85.000 Euro

Umsatzerlöse: 170.000 Euro

Personalaufwand: 33.000 Euro

Zinsaufwand: 3.000 Euro

Zinserträge: 500 Euro

Ertragssteuersatz: 30%

Ermitteln Sie zusätzlich EBITDA, EBIT und EBT.

Aufgabe 10.6:

Erstellen Sie für die Stuhl GmbH die Gewinn- und Verlustrechnung nach dem Gesamtkostenverfahren:

Abschreibungen: 30.000 Euro

Materialaufwand: 63.000 Euro

Umsatzerlöse: 510.000 Euro

Personalaufwand: 89.000 Euro

Zinsaufwand: 8.000 Euro

Zinserträge: 9.500 Euro

Sonstiger Aufwand: 10.000 Euro

Ertragssteuersatz: 40%

Ermitteln Sie zusätzlich EBITDA, EBIT und EBT sowie die Eigenkapital- und Gesamtkapitalrendite. (Eigenkapital = 600.000 Euro / Fremdkapital = 300.000 Euro)

Externes Rechnungswesen

10.3. Lösungen

Lösung Aufgabe 10.1:

1) Was ist eigentlich eine „Bilanz"?:

Eine Gegenüberstellung von Vermögens- und Finanzlage eines Unternehmens zu einem bestimmten Stichtag.

2) Was steht auf der sogenannten „Aktivseite" und was auf der „Passivseite"?:

Auf der Aktivseite werden Vermögensgegenstände dargestellt, auf der Passivseite Eigen- und Fremdkapital.

3) Was ist unter „Anlagevermögen" und unter „Umlaufvermögen" zu verstehen?:

Anlagevermögen sind die Vermögensgegenstände, die auf Dauer dem Unternehmen zur Verfügung stehen, Umlaufvermögen sind die Vermögensgegenstände, die dem Unternehmen kurzfristig zur Verfügung stehen.

4) Was ist „Eigenkapital" und „Fremdkapital"?:

Eigenkapital ist das Kapital, das dem Unternehmen von den Eigenkapitalgebern zur Verfügung gestellt wurde. Fremdkapital ist das Kapital, das dem Unternehmen von den Fremdkapitalgebern (bspw. Banken) zur Verfügung gestellt wurde.

Lösung Aufgabe 10.2:

Aktiva		Bilanz zum 31.12.2018	Passiva
Anlagevermögen		**Eigenkapital**	
Immaterielle VG	3.000	Stammkapital	25.000
Maschinen	60.000	Jahresüberschuss	145.000
PKW	30.000		
Umlaufvermögen		**Fremdkapital**	
Vorräte	10.000	Rückstellungen	15.000
Bank	182.000	Verbindl. Kreditinst.	100.000
Summe:	**285.000**		**285.000**

Bank = 25.000+100.000+160.000−30.000−10.000−60.000−3.000

Jahresüberschuss = 160.000−15.000

Lösung Aufgabe 10.3:

Aktiva	Bilanz zum 31.12.2018		Passiva
Anlagevermögen		**Eigenkapital**	
Immaterielle VG	4.000	Stammkapital	25.000
Maschinen	54.000	Jahresüberschuss	224.000
PKW	35.000		
		Fremdkapital	
Umlaufvermögen		Rückstellungen	5.000
Vorräte	20.000	Verbindl. Kreditinst.	200.000
Bank	341.000		
Summe:	**454.000**		**454.000**

Bank = 25.000+200.000-10.000-40.000-20.000+250.000-60.000-4.000

Jahresüberschuss = 250.000-10.000-5.000-6.000-5.000

Eigenkapitalquote = 249.000 / 454.000 = 54,85%

Fremdkapitalquote = 205.000 / 454.000 = 45,15%

Lösung Aufgabe 10.4:

Die Gewinn- und Verlustrechnung gibt die Ertragslage eines Unternehmens über einen bestimmten Zeitraum wieder und stellt den Erfolg als Differenz zwischen Ertrag und Aufwand dar.

Aufwendungen: Wert aller verbrauchten Güter und Dienstleistungen in einer Periode, der aufgrund gesetzlicher Bestimmungen und bewertungsrechtlicher Konventionen in der Finanzbuchhaltung verrechnet wird.

Erträge: Wert aller erstellten Güter und Dienstleistungen in einer Periode, der aufgrund gesetzlicher Bestimmungen und bewertungsrechtlicher Konventionen in der Finanzbuchhaltung verrechnet wird.

Lösung Aufgabe 10.5:

Gewinn- und Verlustrechnung

Umsatzerlöse	170.000
Materialaufwand	-85.000
Personalaufwand	-33.000
EBITDA	**52.000**
Abschreibungen	-20.000
EBIT	**32.000**
Zinsertrag	500
Zinsaufwand	-3.000
EBT	**29.500**
Steueraufwand	-8.850
Jahresüberschuss	**20.650**

Lösung Aufgabe 10.6:

Gewinn- und Verlustrechnung

Umsatzerlöse	510.000
Materialaufwand	-63.000
Personalaufwand	-89.000
Sonstiger Aufwand	-10000
EBITDA	**348.000**
Abschreibungen	-30.000
EBIT	**318.000**
Zinsertrag	9.500
Zinsaufwand	-8.000
EBT	**319.500**
Steueraufwand	-127.800
Jahresüberschuss	**191.700**
Eigenkapital:	600.000
Eigenkapitalrendite:	**53,25%**
Gesamtkapital	900.000
Gesamtkapitalrendite:	**35,33%**

Eigenkapitalrendite = 319.500/600.000

Gesamtkapitalrendite = 318.000/900.000

11. Internes Rechnungswesen

11.1. Grundlagen

Das **interne Rechnungswesen** dient der Planung, Kontrolle und Dokumentation unternehmensspezifischer Geschäftsvorfälle.[60] Generell wird dem internen Rechnungswesen eine Entscheidungs- und eine Kontrollfunktion zugeordnet. Die Entscheidungsfunktion bezieht sich vor allem auf die Kalkulation der Selbstkosten eines Produktes oder einer Dienstleistung zur Vorbereitung von Entscheidungen im Rahmen der Produktion und des Absatzes. Die Planung bezieht sich beispielsweise auf das Produktions- und Absatzportfolio mit entsprechenden Mengen- und Preiskomponenten. Die Kontrollfunktion ermöglich die Überprüfung der Wirtschaftlichkeit getroffener Entscheidungen. Durch Soll-Ist-Vergleiche können Abweichungen von den ursprünglich geplanten Werten quantifiziert und analysiert werden. Einen Überblick über die vielfältigen Aufgaben der Kosten- und Leistungsrechnung bietet Abbildung 45.

---

[60] Vgl. hierzu und im Folgenden dieses Kapitels z.B. Coenenberg (2016).

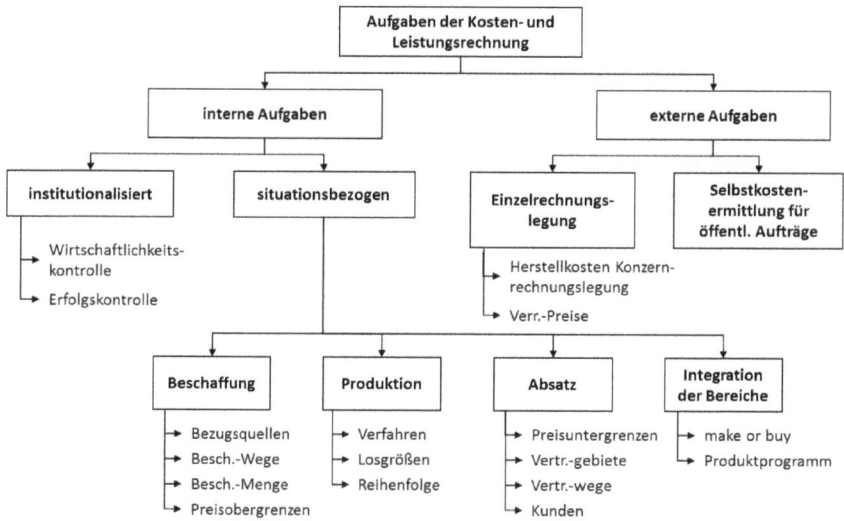

Abbildung 45: Aufgaben der Kosten- und Leistungsrechnung[61]

Die beiden wesentlichen Zurechnungsprinzipien des internen Rechnungswesens sind das Verursachungsprinzip und das Durchschnittsprinzip. Gemäß dem **Verursachungsprinzip** sind diejenigen Kosten einem Bezugsobjekt zurechenbar, die von diesem Objekt ausgelöst werden. So können die Materiakosten für das Holz, einem Holzstuhl direkt zugerechnet werden. Fundamentale Probleme des internen Rechnungswesens entstehen dadurch, dass das Zurechnungsprinzip nicht für alle Kostenarten angewendet werden kann. Abschreibungen für Maschinen, Gebäude oder den Fuhrpark sind in der Regel nicht eindeutig einem Bezugsobjekt zuzuordnen. (Ausnahmen bestehen hier lediglich, wenn der Vermögensgegenstand nur einem Produkt dient und leistungsabhängig abgeschrieben wird.) In solchen Fällen kommt das **Durchschnittsprinzip** zum Tragen, welches Kosten

---

[61] Vgl. Coenenberg (2016).

proportional anhand von Bezugsgrößen den Bezugsobjekten zurechnet. Nach diesem Prinzip können Maschinenabschreibungen auf die gesamte Produktionsmenge umgelegt werden. Im Gegensatz zum Verursachungsprinzip gewährleistet das Durchschnittsprinzip keine kausale Kostenzuordnung.

Gemäß der Zurechenbarkeit oder der Abhängigkeit von der Ausbringungsmenge lassen sich verschiedene Kostenbegriffe definieren:

- **Einzelkosten:** Kosten, die einem Kostenträger direkt zurechenbar sind, wie beispielsweise Materialkosten.

- **Gemeinkosten:** Kosten, die einem Kostenträger nicht direkt zurechenbar sind, in der Regel sind dies beispielsweise Abschreibungen, Mietkosten oder Energiekosten.

- **Variable Kosten:** Kosten, die abhängig vom Beschäftigungsgrad sind, wie beispielsweise Roh-, Hilfs- und Betriebsstoffe.

- **Fixkosten:** Kosten die unabhängig vom Beschäftigungsgrad sind, in der Regel sind dies beispielsweise Abschreibungen, Miet- oder Versicherungskosten.

- **Unechte Gemeinkosten:** Kosten, die eigentlich Einzelkosten sind, aus Wirtschaftlichkeitsgründen aber als Gemeinkosten behandelt werden. Beispielsweise wertmäßig unbedeutende Materialkosten, wie Leim, Nägel oder Schmiermittel.

Die klassische **Vollkostenrechnung** basiert auf drei aufeinander aufbauenden Säulen (vgl. Abbildung 46). Die erste Säule, die **Kostenartenrechnung**, dient der Erfassung aller in einer Periode angefallenen Kosten und beantwortet somit die Frage: Welche Kosten sind angefallen? Neben der Erfassung von Kostenart und Kostenhöhe werden die Kosten zusätzlich in Gemeinkosten und Einzelkosten unterteilt. Während die Einzelkosten direkt einem Kostenträger zuzurechnen sind, ist für die Gemeinkosten aufgrund der fehlenden Kausalität zunächst eine Weiterverrechnung auf die Kostenstellen nötig. Die zweite Säule der Vollkostenrechnung, die **Kostenstellenrechnung**, kann als Verteilungsrechnung interpretiert werden und beantwortet die Frage, wo die Kosten angefallen sind. Diese Frage kann sowohl für Einzel- als auch für Gemeinkosten beantwortet werden. Den Abschluss und somit die dritte Säule der Vollkostenrechnung ist die **Kostenträgerrechnung**, die als Kalkulationsrechnung die Frage beantwortet, wofür die Kosten angefallen sind.

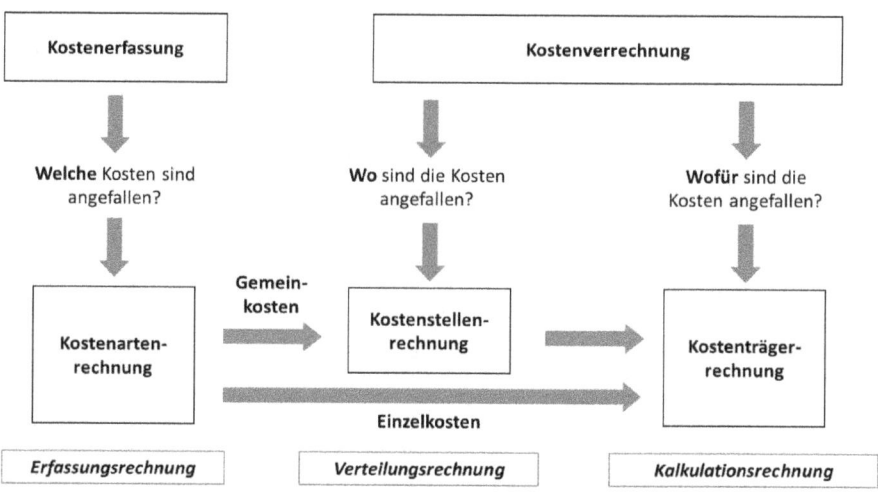

Abbildung 46: Aufbau der Vollkostenrechnung

Die Aufgabe der Kostenartenrechnung besteht in der systematischen Erfassung, Bewertung und Klassifikation der Kosten, die in einer Abrechnungsperiode angefallen sind und bereitet dadurch die folgende Kostenstellen- und Kostenträgerrechnung vor. Bedeutende Kostenarten sind

Material-, Personal- und Dienstleitungskosten sowie Abschreibungen, Kapitalkosten und kalkulatorische Kosten. Die Ermittlung der **Materialkosten** kann mit besonderen Herausforderungen verbunden sein. Zunächst muss die Mengenkomponente des verbrauchten Materials erfasst werden. Dies kann beispielsweise durch Inventur oder Lagermanagementsysteme erfolgen. In einem nächsten Schritt sind die ermittelten Materialmengen entsprechend zu bewerten. Handelt es sich beim Material nicht um direktes Kostenträgermaterial, so kann diese Bewertung mit erheblichen Schwierigkeiten verbunden sein. In diesen Fällen kann auch auf verschiedene Bewertungsverfahren, wie die Verwendung von Durchschnittspreisen oder Verbrauchsfolgeverfahren, zurückgegriffen werden. **Personalkosten** unterteilen sich in Arbeitsentgelte und Personalnebenkosten. Die historisch begründete Unterteilung der Arbeitsentgelte in Löhne für den administrativen Bereich und Gehälter für den produzierenden Bereich verliert dabei zunehmend an Bedeutung. Im Rahmen der Personalnebenkosten fallen insbesondere gesetzliche Sozialkosten, wie Renten-, Kranken-, Arbeitslosen- und Pflegeversicherungskosten, ins Gewicht. Die Ermittlung der Personalkosten ist durch Rückgriff auf die Lohnbuchhaltung weitgehend unproblematisch.

Abschreibungen spiegeln den Werteverzehr eines Vermögensgegenstandes wider. Ein solcher Werteverzehr kann geplant oder ungeplant erfolgen. Ein geplanter Werteverzehr und somit geplante Abschreibungen ergeben sich aus dem Verbrauchsverschleiß eines Vermögensgegenstandes. Eine Maschine oder ein Fahrzeug verschleißen durch den betrieblich bedingten Verbrauch. Abschreibungen aufgrund rechtlicher Ursachen können geplant oder ungeplant sein. Während Patentabläufe in die erste Kategorie fallen, sind unerwartete rechtliche Veränderungen, wie beispielsweise der Ausstieg aus einem bestimmten Energieträger, oft nicht vorherzusehen. Während technische Abschreibungsursachen durch den technologischen Fortschritt begründet sein können, werden wirtschaftliche Abschreibungsursachen, beispielsweise durch disruptive Marktveränderungen ausgelöst. Naturkatastrophen, die betriebliche Vermögensgegenstände betreffen, stellen einen Fall für außerordentliche Abschreibungsursachen dar. Beim geplanten Verbrauchsverschleiß werden durch die Abschreibungen die Anschaffungskosten eines Vermögensgegenstandes auf die Nutzungsdauer verteilt. Im einfachsten Fall, der linearen Abschreibung, erfolgt die Verteilung in gleichmäßige Beträge über die Nutzungsdauer. Kompliziertere Abschreibungsverfahren sind die leistungsbezogene Abschreibung, die degressive und die progressive Abschreibung. Von allen Verfahren entspricht lediglich die leistungsbezogene Abschreibung dem Verursachungsprinzip, sie stellt jedoch auch das komplexeste Verfahren dar.

Während Zinsen fürs Fremdkapital standardmäßig als Kapitalkosten in der Kostenrechnung berücksichtigt werden, gehören Eigenkapitalkosten zur Gruppe der **kalkulatorischen Kosten**. Für das Eigenkapital bzw. die Eigenkapitalgeber besteht kein Anspruch auf Zinszahlungen. Allerdings kann davon ausgegangen werden, dass die Eigenkapitalgeber einen Renditeanspruch vertreten. Um diesen in der Kalkulation zu berücksichtigen, werden kalkulatorische Eigenkapitalkosten erfasst. Eine andere Form kalkulatorischer Kosten ist der kalkulatorische Unternehmerlohn. So kann sich ein Unternehmensgründer in den ersten Jahren oftmals kein adäquates Gehalt zahlen. Dennoch sollte dieses als kalkulatorischen Kosten Eingang in die Kostenrechnung finden. Der Gründer möchte schließlich nicht auf Dauer auf ein entsprechendes Gehalt verzichten. Durch die Berücksichtigung des kalkulatorischen Unternehmerlohns wird das Gehalt von Anfang an in der Kostenkalkulation berücksichtigt. Kalkulatorische Kosten sind demnach nicht zahlungswirksam, sondern besitzen einen virtuellen Charakter.

Eine **Kostenstelle** kann als Bereich eines Betriebes definiert werden, der kostenrechnerisch selbständig abgerechnet wird. Als Vorkostenstellen (Hilfskostenstellen) werden Kostenstellen bezeichnet, die ihre Leistung nicht direkt an das zu erstellende Produkt bzw. die zu erstellende Dienstleistung abgeben, sondern an andere Kostenstellen. Beispiele sind die Kantine, Energieversorgung oder eine Reparaturabteilung. Endkostenstellen (Hauptkostenstellen) erbringen ihre Leistung direkt für das Endprodukt. Beispiele hierfür sind die Kostenstellen Material bzw. Lager oder die Fertigung. Die Kostenstellenrechnung erfüllt zwei Aufgabenbereiche. Primäre, direkt aus der Systematik der Vollkostenrechnung abgeleitete Aufgabe ist die Verteilung und Schlüsselung der Gemeinkosten zur späteren Weiterverrechnung auf die Kostenträger. Hierzu werden entsprechende Zuschlags- bzw. Verrechnungssätze gebildet, die die Verrechnung der Gemeinkosten auf die Kostenträger gemäß der Beanspruchung der Kostenstelle durch den jeweiligen Kostenträger ermöglichen. Der zweite Aufgabenbereich umfasst die Wirtschaftlichkeitskontrolle des Produktionsprozesses und der Kostenstellen. Durch die Einführung von Kostenstellen sind innerbetriebliche Vergleiche und weiterführende Soll-Ist-Analysen möglich. Zentrales Instrument der Kostenstellenrechnung ist der Betriebsabrechnungsbogen (BAB), der zunächst die verursachungsgerechte Verteilung der primären Kostenträgergemeinkosten auf die Kostenstellen und die Ermittlung der primären Kosten je Kostenstelle ermöglicht. Nach Durchführung der innerbetrieblichen Leistungsverrechnung, durch die die primären Gemeinkosten der Vorkostenstellen auf die Endkostenstellen umgelegt werden, kann die Summe der primären und sekundären Gemeinkosten je Endkostenstelle berechnet werden. Durch die Division der Summe der primären und sekundären Gemeinkosten je Endkostenstelle durch eine Bezugsgröße werden die Kalkulations- bzw. Zuschlagssätzen je

Endkostenstelle berechnet. Die Bezugsgröße bzw. Zuschlagsbasis sollte in einem möglichst proportionalen Zusammenhang mit den Gemeinkosten stehen. Eine einfache Variante besteht in der Verwendung von Einzelkosten als Bezugsgröße.

In der **Kostenträgerrechnung** erfolgt anschließend die eigentliche Kalkulation der mit der Leistungserstellung verbundenen Kosten. Kostenträger können Produkte, wie Einzelaufträge oder hergestellte Produkteinheiten und Dienstleistungen z.B. Beratungs- oder Forschungsleistungen, sein. Die Kostenträgerrechnung wird in die Kostenträgerstückrechnung und in die Kostenträgerzeitrechnung unterteilt. Die Kostenträgerstückrechnung behandelt die Kalkulation der einem Kostenträger zuzurechnenden Kosten pro Mengeneinheit. Liegt der Fokus nicht auf dem einzelnen Kostenträger, sondern auf der Summe aller Kostenträger innerhalb einer bestimmten Periode, so kommt die Kostenträgerzeitrechnung zur Anwendung. Die konkrete Ausgestaltung der Kalkulation, also die Wahl des Kalkulationsverfahren hängt im Wesentlichen von der Art des Leistungserstellungsprozesses ab (vgl. Abbildung 47).

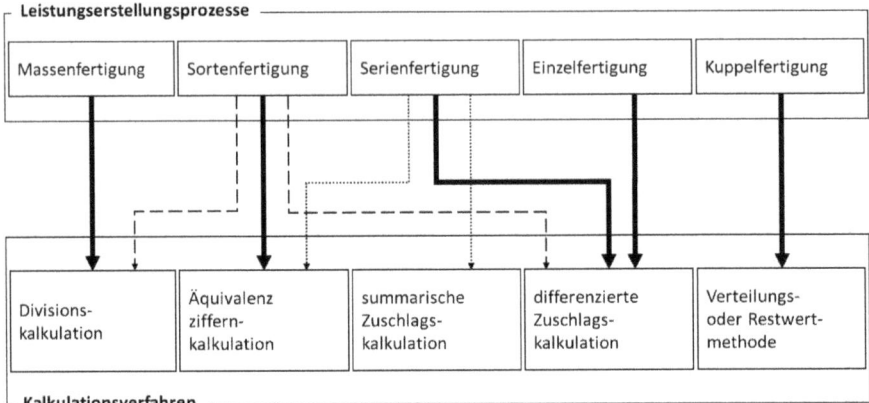

Abbildung 47: Leistungserstellungsprozess und Kalkulationsverfahren[62]

Das einfachste Kalkulationsverfahren ist die **Divisionskalkulation**. Im Falle eines Einproduktunternehmens können die Stückkosten als Quotient aus den Gesamtkosten einer Periode und der Produktionsmenge derselben Periode ermittelt werden. Stellt ein Unternehmen nur ein Produkt her, so fallen keine Gemeinkosten an. Alle Kosten können dann als Einzelkosten dem einen Kostenträger zugeordnet werden.

Direkt aus dem Aufbau der Vollkostenrechnung ableitbar ist das weit verbreitete Verfahren der **Zuschlagskalkulation**. Im Rahmen der Zuschlagskalkulation werden die Einzelkosten einem Kostenträger direkt zugeordnet. Die Verrechnung der Gemeinkosten auf die Kostenträger erfolgt auf Basis von Zuschlagssätzen, die durch die Kostenstellenrechnung ermittelt werden (vgl. Abbildung 46). Es ist zu beachten, dass die Schlüsselung der Gemeinkosten per Definition immer nur eine Näherung darstellen kann, da die unterstellte Proportionalität zwischen Einzel- und Gemeinkosten grds. als nicht

---

[62] Vgl. Coenenberg (2016).

gegeben anzusehen ist. Die Summe aus Material- und Fertigungskosten wird als Herstellkosten, die Summe aus Herstell-, Verwaltungs- und Vertriebskosten als Selbstkosten eines Kostenträgers bezeichnet.

Die Zurechnungsproblematik der Gemeinkosten auf die Kostenträger in der Vollkostenrechnung kann durch den Einsatz der **Teilkostenrechnung** umgangen werden. Im Rahmen der Teilkostenrechnung werden nur die variablen Kosten auf einen Kostenträger verrechnet. Die Fixkosten werden nicht auf die Kostenträger umgelegt, sondern als Block erst für die Berechnung des Periodenerfolges berücksichtigt. Die Differenz aus Absatzpreis und variablen Kosten pro Kostenträger wird als (Stück-)**Deckungsbeitrag** bezeichnet. Es ist zu beachten, dass die Teilkostenrechnung die Vollkostenrechnung nicht ersetzen, sondern nur ergänzen kann.

11.2. Aufgaben

Aufgabe 11.1:

Lisa Lignum möchte eine Kosten- und Leistungsrechnung aufbauen. Erklären Sie Lars, welche zwei Hauptaufgaben dadurch übernommen werden.

Aufgabe 11.2:

Definieren Sie grundlegende Begriffe:

- Einzelkosten
- Gemeinkosten
- Fixkosten
- Variable Kosten
- Unechte Gemeinkosten

Aufgabe 11.3:

„Um die Selbstkosten unserer Produkte zu kalkulieren, benötigen wir eine sogenannte Vollkostenrechnung!". Erläutern Sie, was Lisa Lignum darunter versteht.

Aufgabe 11.4:

Der Betriebsabrechnungsbogen der Stuhl GmbH weist in der Summenzeile folgende Zahlen aus:

Kostenstelle	Material	Fertigung	Verwaltung	Vetrieb
Gemeinkosten	150.000,00	360.000,00	215.000,00	289.000,00
Einzelkosten	400.000,00	260.000,00		

Berechnen Sie die Gemeinkostenzuschlagssätze für die Materialgemeinkosten in Prozent der Materialeinzelkosten, für den Fertigungsbereich in Prozent der Fertigungseinzelkosten, für die Verwaltungs- und Vertriebsgemeinkosten getrennt in Prozent der Herstellkosten.

Aufgabe 11.5:

Der Betriebsabrechnungsbogen der Stuhl GmbH weist in der Summenzeile folgende Zahlen aus:

Kostenstelle	Material	Fertigung I	Fertigung II	Verwaltung	Vetrieb
Gemeinkosten	31.500,00	390.000,00	520.000,00	268.980,00	358.640,00
Einzelkosten	350.000,00	300.000,00	650.000,00		

Berechnen Sie die Gemeinkostenzuschlagssätze für die Materialgemeinkosten in Prozent der Materialeinzelkosten, für die beiden Fertigungsbereiche in Prozent der jeweiligen Einzelkosten, für die Verwaltungs- und Vertriebsgemeinkosten getrennt in Prozent der Herstellkosten.

Aufgabe 11.6:

Für die Produktion eines Stuhles fallen 100 Euro Materialeinzelkosten und 50 Euro Fertigungseinzelkosten an. Bestimmen Sie auf Basis folgender Kostenrechnungsdaten die Selbstkosten eines Stuhls:

Gemeinkosten	Zuschlagssätze
Material	30%
Fertigung	150%
Verwaltung	8%
Vertrieb	15%

Aufgabe 11.7:

Für die Produktion eines Stuhles fallen 200 Euro Materialeinzelkosten und 100 Euro Fertigungseinzelkosten an. Bestimmen Sie auf Basis folgender Kostenrechnungsdaten die Selbstkosten eines Stuhls:

Gemeinkosten	Zuschlagssätze
Material	30%
Fertigung	150%
Verwaltung	8%
Vertrieb	15%

11.3. Lösungen

Lösung Aufgabe 11.1:

Hauptaufgaben der Kosten- und Leistungsrechnung:

- Entscheidungsrechnung: Prognose der Selbstkosten zur Optimierung von Produktions- und Absatzentscheidungen.

- Kontrollrechnung: Überprüfung der Wirtschaftlichkeit getroffener Entscheidungen.

Lösung Aufgabe 11.2:

- Einzelkosten: sind die einem Kostenträger direkt zurechenbaren Kosten.

- Gemeinkosten: sind die einem Kostenträger nicht direkt, sondern nur über Hilfsgrößen zurechenbaren Kosten.

- Fixkosten: Ändern sich nicht mit der Ausbringungsmenge.

- Variable Kosten: Ändern sich mit der Ausbringungsmenge.

- Unechte Gemeinkosten: Einzelkosten, die aus Wirtschaftlichkeitsüberlegungen wie Gemeinkosten behandelt werden.

Lösung Aufgabe 11.3:

Die klassische Kostenrechnung (Vollkostenrechnung) besteht aus drei Säulen:

1. Kostenartenrechnung: Welche Kosten sind angefallen?

2. Kostenstellenrechnung: Wo sind die Kosten angefallen?

3. Kostenträgerrechnung: Wofür sind die Kosten angefallen?

Während die Einzelkosten den jeweiligen Kostenträgern direkt zugeordnet werden können, ist für die Gemeinkosten eine Schlüsselung anhand der in der Kostenstellenrechnung bestimmten Verteilungsschlüssel notwendig.

Lösung Aufgabe 11.4:

Kostenstelle	Material	Fertigung	Verwaltung	Vetrieb
Gemeinkosten	150.000,00	360.000,00	215.000,00	289.000,00
Einzelkosten	400.000,00	260.000,00		
Zuschlagssätze	37,50%	138,46%	18,38%	24,70%

Herstellkosten = 150.000+400.000+360.000+260.000 = 1.170.000

Internes Rechnungswesen

Lösung Aufgabe 11.5:

Kostenstelle	Material	Fertigung I	Fertigung II	Verwaltung	Vetrieb
Gemeinkosten	31.500,00	390.000,00	520.000,00	268.980,00	358.640,00
Einzelkosten	350.000,00	300.000,00	650.000,00		
Zuschlagssätze	9,00%	130,00%	80,00%	12,00%	16,00%

Herstellkosten = 31.500+350.000+390.000+300.000+520.000+650.000= 2.241.500

Lösung Aufgabe 11.6:

Materialeinzelkosten:	100,00
Materialgemeinkosten:	30,00
Fertigungseinzelkosten:	50,00
Fertigungsgemeinkosten:	75,00
Herstellkosten:	255,00
Verwaltungskosten:	20,40
Vertriebskosten	38,25
Selbstkosten:	**313,65**

Herstellkosten = MEK+MGK+FEK+FGK

Verwaltungskosten = Herstellkosten * Zuschlagssatz Verwaltung

Vertriebskosten = Herstellkosten * Zuschlagssatz Vertrieb

Lösung Aufgabe 11.7:

Materialeinzelkosten:	200,00
Materialgemeinkosten:	60,00
Fertigungseinzelkosten:	100,00
Fertigungsgemeinkosten:	150,00
Herstellkosten:	510,00
Verwaltungskosten:	40,80
Vertriebskosten	76,50
Selbstkosten:	**627,30**

12. Risikomanagement

12.1. Grundlagen

Unternehmerisches Handeln ist immer mit **Unsicherheit** verbunden, da dieses in die Zukunft gerichtet ist, von komplexen sowie teilweise stochastischen Einflussfaktoren beeinflusst wird und dadurch nicht sicher planbar ist. Durch das ansteigende Komplexitätsniveau, welches sich aus der zunehmenden Dynamik der betrieblichen Umwelt ergibt, steigt auch der Grad an Komplexität, mit dem Unternehmen konfrontiert werden. Treibende Einflussfaktoren sind in diesem Kontext insbesondere Globalisierung und technologischer Fortschritt. Obwohl Unsicherheit und **Risiko** oftmals synonym verwendet werden, unterscheiden sich beide Begriffe in ihrem Informationsgehalt. Im Gegensatz zur Unsicherheit sind in einer Risikosituation die Eintrittswahrscheinlichkeiten der möglichen Umweltzustände bekannt. Als bekanntestes statistisches Maß für das Risiko gilt die Standardabweichung.

Die **Risikoeinschätzung** von Individuen erfolgt in der Regel subjektiv und hängt von individuellen Faktoren ab. Lehnt ein Individuum Risiko ab und bewertet es daher negativ, so wird dieses als Risikoaversion bezeichnet. Von Risikoaffinität oder Risikofreude wird gesprochen, wenn Risiko positiv beurteilt wird. Zwischen diesen beiden Ausprägungen liegt die Risikoneutralität. Bei einer risikoneutralen Einschätzung wird dem Risiko an sich weder ein positiver noch ein negativer Nutzen zugesprochen. Die subjektive Risikoneigung ist stark mit individuellen psychologischen Aspekten verbunden, kann sich im Zeitverlauf ändern und je nach Sachverhalt divergieren.

Unter einem **Risikomanagementsystem** wird ein ganzheitliches Überwachungssystem zur Steuerung der relevanten, unternehmensbezogenen Risiken mit dem Ziel der Existenzsicherung verstanden. Risikomanagementsysteme sind Bestandteil der Unternehmensführung und umfassen spezielle organisatorische Regelungen sowie Instrumente und Maßnahmen. Das für Kapitalgesellschaften relevante Gesetz für Kontrolle und Transparenz im Unternehmensbereich (KonTraG) ist seit 1998 in Kraft, fordert die Einrichtung eines Überwachungssystems und regelt entsprechende Pflichten des Vorstandes. Konkretisiert wird dieses in §91 Abs. 2 AktG: „Der Vorstand hat geeignete Maßnahmen zu treffen, insbesondere ein Überwachungssystem einzurichten, damit den Fortbestand der Gesellschaft gefährdende Entwicklungen früh erkannt werden."

Prinzipiell können Unternehmen mit einer Vielzahl unterschiedlicher Risiken konfrontiert werden (vgl. Abbildung 48).

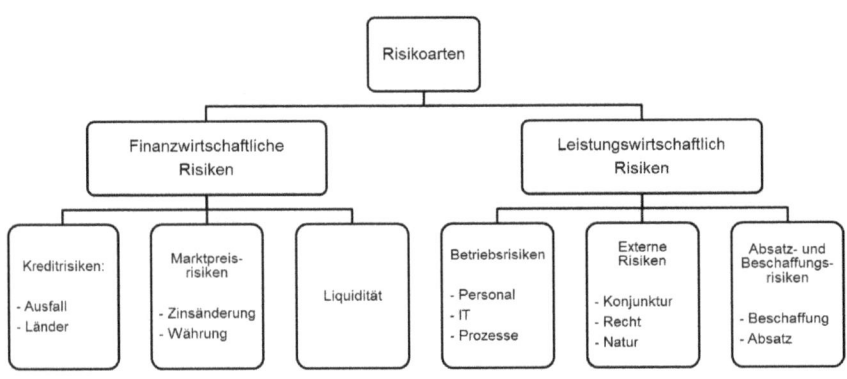

Abbildung 48: Kategorisierung der Risikoarten

Der idealtypische Ablauf eines **Risikomanagementprozesses** ist Abbildung 49 zu entnehmen.

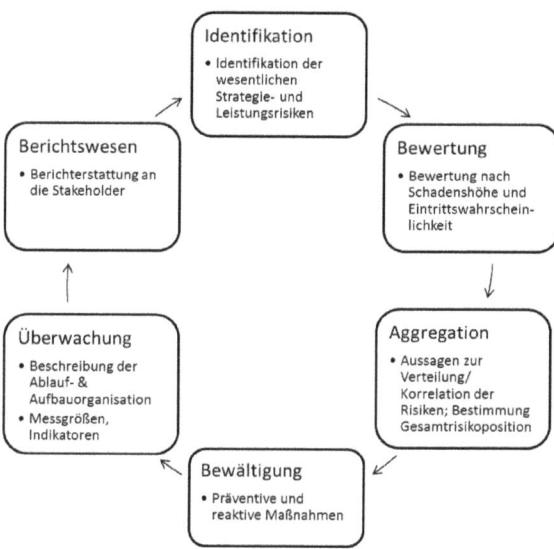

Abbildung 49: Risikomanagementprozess[63]

In einem ersten Schritt sind möglichst alle unternehmensrelevanten Strategie- und Leistungsrisiken zu identifizieren. Anschließend werden die identifizierten Risiken anhand der jeweiligen Schadenshöhe und Eintrittswahrscheinlichkeit bewertet. Die Aggregation der Einzelrisiken zu einem unternehmensbezogenen Gesamtrisiko ist mit erheblichen methodischen Schwierigkeiten verbunden. Eine einfache Addition der Einzelrisiken ist in der Regel nicht zielführend, da sich Risiken gegenseitig aufheben können. Ist das Gesamtrisiko ermittelt, so können präventive und reaktive Maßnahmen zur Risikobewältigung formuliert werden. Die zuvor identifizierten Risiken und die geplanten Bewältigungsmaßnahmen müssen im Zeitablauf durch geeignete Instrumente

---

[63] Vgl. z.B. Diederichs (2018), Vanini (2012).

überwacht werden. Letztlich ist über wesentliche Unternehmensrisiken im Jahresabschluss zu berichten. Hervorzuheben ist, dass der Risikomanagementprozess kein wirkliches Ende besitzt. Aufgrund von Veränderungen der Unternehmensumwelt handelt es sich vielmehr um einen dynamischen und repetitiven Prozess.

Die Formulierung **risikopolitischer Gegenmaßnahmen** ist im Risikomanagement von besonderer Bedeutung. Abbildung 50 zeigt die vier grundsätzlichen Möglichkeiten der Risikobewältigung.

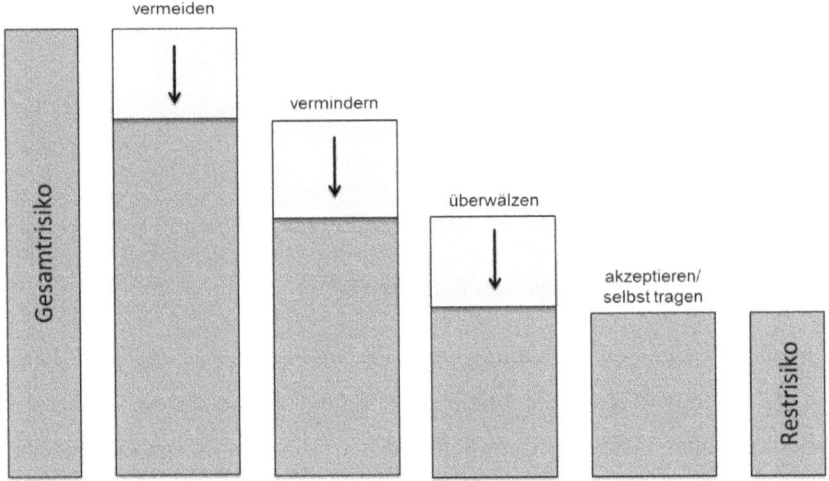

Abbildung 50: Risikobewältigungsmaßnahmen[64]

In einem ersten Schritt ist das unternehmerische Gesamtrisiko zu reduzieren, indem Teilrisiken vermieden werden. Dies könnte beispielsweise durch den Verzicht auf bestimmte Technologien oder den Austritt aus problematischen Märkten geschehen. Im zweiten Schritt der Risikoreduktion können Risiken

---

[64] Vgl. Diederichs (2018).

Risikomanagement

vermindert werden. Exemplarisch seien hier IT-Risiken genannt. Durch spezifische Sicherheitsmaßnahmen oder die Implementierung redundanter Systeme ist eine erhebliche Risikoreduktion möglich. Letzter Schritt der Risikobewältigung ist das Überwälzen eines Risikos auf eine unternehmensexterne Person oder Institution. Der Abschluss von Versicherungen stellt ein typisches Verfahren zu Risikoüberwälzung dar. Im Allgemeinen wird es nicht gelingen, das Gesamtrisiko durch die geschilderten Maßnahmen komplett zu reduzieren. Das resultierende unternehmerische Restrisiko muss akzeptiert und vom Unternehmen selbst getragen werden. Letztendlich ist jede unternehmerische Tätigkeit auch mit Risiko verbunden, entscheidend ist allerdings ein entsprechendes Risikobewusstsein. Um das Restrisiko tragen zu können, kann eine Anpassung des Eigenkapitals erforderlich sein.

Grundsätzlich kann davon ausgegangen werden, dass die beiden zentralen Größen Rendite und Risiko miteinander korrelieren. Je größer die erwartete Rendite einer Investition, desto größer ist in der Regel das damit verbundene Risiko. Dies gilt auch auf Unternehmensebene. Der geschilderte Zusammenhang zwischen Rendite und Risiko kann auch anhand der Leverage Effekte dargestellt werden. Der **Leverage Effekt** besagt, dass die Eigenkapitalrendite mit steigender Verschuldung zunimmt, solange die Gesamtkapitalrendite größer als der Fremdkapitalzinssatz ist.

Die **Eigenkapitalrendite** ist der Quotient aus Gewinn und Eigenkapital. Als Gewinn- bzw. Erfolgsgröße kann der Jahresüberschuss oder bei einer Betrachtung vor Steuern der Erfolg vor Steuern (EBT) verwendet werden. Die **Gesamtkapitalrendite** unterscheidet sich von der Eigenkapitalrendite sowohl im Zähler als auch im Nenner. Im Zähler wird der Gewinn um die Fremdkapitalzinsen ergänzt, da diese als Rendite der Fremdkapitalgeber interpretiert werden können. Es wird also der Jahresüberschuss zzgl. Fremdkapitalzinsen oder bei einer Betrachtung vor Steuern, das EBIT (Erfolg vor Zinsen und Steuern) verwendet. Als Nenner wird das Gesamtkapital, als Summe aus Eigenkapital und Fremdkapital verwendet. Der **Verschuldungsgrad** ist der Quotient aus Fremdkapital und Eigenkapital. Tabelle 30 zeigt die Funktionsweise des Leverage Effekts.

EK	FK	GK	V	i	FK-Zinsen	EBT	EBIT	rEK	rGK
100	0	100	0,0	5%	0,00	20,00	20,00	20%	20%
90	10	100	0,1	5%	0,50	20,00	20,50	22%	21%
80	20	100	0,3	5%	1,00	20,00	21,00	25%	21%
70	30	100	0,4	5%	1,50	20,00	21,50	29%	22%
60	40	100	0,7	5%	2,00	20,00	22,00	33%	22%
50	50	100	1,0	5%	2,50	20,00	22,50	40%	23%
40	60	100	1,5	5%	3,00	20,00	23,00	50%	23%
30	70	100	2,3	5%	3,50	20,00	23,50	67%	24%
20	80	100	4,0	5%	4,00	20,00	24,00	100%	24%
10	90	100	9,0	5%	4,50	20,00	24,50	200%	25%
1	99	100	99,0	5%	4,95	20,00	24,95	2000%	25%

Tabelle 30: Positiver Leverage Effekt

Der Tabelle ist zu entnehmen, dass das Eigenkapital (EK) schrittweise durch Fremdkapital (FK) substituiert wird. Das Gesamtkapital (GK) bleibt unverändert. Der Verschuldungsgrad (V) steigt entsprechend von 0 auf 99. Der Fremdkapitalzinssatz (i) bleibt konstant bei 5%. Durch Multiplikation des Fremdkapitals mit dem Fremdkapitalzinssatz ergeben sich die Fremdkapitalzinsen, die von 0 auf 4,95 steigen. Das EBT liegt konstant bei 20, entgegengesetzt dazu steigt das EBIT, aufgrund der Hinzurechnung der Fremdkapitalzinsen von 20 auf 24,95. Während die Gesamtkapitalrendite (rGK) nur moderat von 20% auf 25% steigt, erhöhte sich die Eigenkapitalrendite überproportional von 20% auf 2000%. Die Eigenkapitalrendite ist somit durch eine erhöhte Verschuldung zu steigern. Für die höhere Rendite wird somit ein größeres Risiko akzeptiert. Liegt die

Gesamtkapitalrendite unter dem Fremdkapitalzinssatz, so wirkt der Leverage Effekt in die entgegengesetzte Richtung. Diese Variante zeigt Tabelle 31.

EK	FK	GK	V	i	FK-Zinsen	EBT	EBIT	rEK	rGK
100	0	100	0,0	5%	0,00	-5,00	-5,00	-5%	-5%
90	10	100	0,1	5%	0,50	-5,00	-4,50	-6%	-5%
80	20	100	0,3	5%	1,00	-5,00	-4,00	-6%	-4%
70	30	100	0,4	5%	1,50	-5,00	-3,50	-7%	-4%
60	40	100	0,7	5%	2,00	-5,00	-3,00	-8%	-3%
50	50	100	1,0	5%	2,50	-5,00	-2,50	-10%	-3%
40	60	100	1,5	5%	3,00	-5,00	-2,00	-13%	-2%
30	70	100	2,3	5%	3,50	-5,00	-1,50	-17%	-2%
20	80	100	4,0	5%	4,00	-5,00	-1,00	-25%	-1%
10	90	100	9,0	5%	4,50	-5,00	-0,50	-50%	-1%
1	99	100	99,0	5%	4,95	-5,00	-0,05	-500%	0%

Tabelle 31: Negativer Leverage Effekt

12.2. Aufgaben

Aufgabe 12.1:

Lars und Lisa Lignum diskutieren, wie sie mit dem Risiko steigender Preise für den Rohstoff Holz umgehen sollen. Formulieren Sie geeignete, risikopolitische Gegenmaßnahmen.

Aufgabe 12.2:

Der Stuhl GmbH stehen drei unterschiedliche, sich ausschließende Investitionsalternativen zur Verfügung:

Investition	A		B		C	
Szenario	I.	II.	I.	II.	I.	II.
Gewinn	200	0	50	100	100	0
Eintrittswahr-scheinlichkeit	50%	50%	50%	50%	100%	0%

Welche Alternative wählen Lars und Lisa, wenn Sie a) risikofreudig, b) risikoneutral oder c) risikoavers sind?

Aufgabe 12.3:

Die Stuhl GmbH tätigt zwei voneinander unabhängige Investitionen. Berechnen Sie für jede Investition die Gesamt- und Eigenkapitalrendite (vor Steuern).

	Investition A	Investition B
Eigenkapital	100.000,00	100.000,00
Fremdkapital	1.000.000,00	1.000.000,00
Fremdkapitalzinssatz	7,00%	7,00%
EBT	150.000,00	1.500,00

Aufgabe 12.4:

Die Stuhl GmbH tätigt zwei voneinander unabhängige Investitionen. Berechnen Sie für jede Investition die Gesamt- und Eigenkapitalrendite (vor Steuern).

	Investition A	Investition B
Eigenkapital	750.000,00	100.000,00
Fremdkapital	750.000,00	1.400.000,00
Fremdkapitalzinssatz	6,00%	6,00%
EBIT	120.000,00	120.000,00

12.3. Lösungen

Lösung Aufgabe 12.1:

Mögliche risikopolitische Gegenmaßnahmen:

1) Risiken vermeiden: Substitution des Rohstoffes „Holz" durch einen anderen, z.B. „Kunststoff".

2) Risiken vermindern: Erwerb von eigenen Waldflächen durch die Stuhl GmbH.

3) Risiken überwälzen: Absicherung am Kapitalmarkt durch Terminkontrakte.

4) Risiken tragen: Erhöhung des Eigenkapitals bzw. liquider Mittel.

Lösung Aufgabe 12.2:

Zur Entscheidungsfindung ist der Erwartete Gewinn (Summe der Produkte aus Gewinn und Eintrittswahrscheinlichkeit je Szenario) zu berechnen:

Investition	A		B		C	
Szenario	I.	II.	I.	II.	I.	II.
Gewinn	200	0	50	100	100	0
Eintrittswahrscheinlichkeit	50%	50%	50%	50%	100%	0%
Erwarteter Gewinn:	**100**		**75**		**100**	

A) Risikofreudig: Investition A

B) Risikoneutral: Investition A oder Investition C

C) Risikoavers: Investition C

Lösung Aufgabe 12.3:

Die Eigenkapitalrendite bei Investition B im Vergleich zu Investition A überproportional, da die Gesamtkapitalrendite bei B kleiner als der Fremdkapitalzins ist:

	Investition A	Investition B
Eigenkapital	100.000,00	100.000,00
Fremdkapital	1.000.000,00	1.000.000,00
Gesamtkapital	1.100.000,00	1.100.000,00
Fremdkapitalzinssatz	7,00%	7,00%
Fremdkapitalzinsen	70.000,00	70.000,00
EBT	150.000,00	1.500,00
EBIT	220.000,00	71.500,00
Eigenkapitalrendite	150,00%	1,50%
Gesamtkapitalrendite	20,00%	6,50%

Eigenkapitalrendite = 150.000/100.000

Gesamtkapitalrendite = 71.500/1.100.000

Lösung Aufgabe 12.4:

Die beiden Investitionen unterscheiden sich nur im Verschuldungsgrad. Da die Gesamtkapitalrendite größer als der Fremdkapitalzinssatz ist, steigt die Eigenkapitalrendite mit zunehmender Verschuldung (Leverage-Effekt):

	Investition A	Investition B
Eigenkapital	750.000,00	100.000,00
Fremdkapital	750.000,00	1.400.000,00
Gesamtkapital	1.500.000,00	1.500.000,00
Fremdkapitalzinssatz	6,00%	6,00%
Fremdkapitalzinsen	45.000,00	84.000,00
EBT	75.000,00	36.000,00
EBIT	120.000,00	120.000,00
Eigenkapitalrendite	10,00%	36,00%
Gesamtkapitalrendite	8,00%	8,00%

Quellenverzeichnis und Literaturempfehlungen

Grundlagen der BWL:

Wöhe (2016): Einführung in die Allgemeine Betriebswirtschaftslehre, Vahlen, München.

Thommen/Achleitner (2009): Allgemeine Betriebswirtschaftslehre: Umfassende Einführung aus managementorientierter Sicht, Springer Gabler, Wiesbaden.

Schaufelbühl et al. (2007): Betriebswirtschaftslehre für Bachelor, Orell Füssli.

Pepels et al (2010): Allgemeine Betriebswirtschaft, Lucius & Lucius, Stuttgart.

Unternehmensführung:

Macharzina/Wolf (2010): Unternehmensführung, Springer Gabler, Wiesbaden.

Stapleton et al. (2000): Complexity and the External Environment, The Open University, Milton Keynes.

Porter (1980): Competitive Strategy: Techniques for analyzing industries and competitors: with a new introduction. Free Press, New York.

Porter (2013): Wettbewerbsstrategie: Methoden zur Analyse von Branchen und Konkurrenten, Campus Verlag, Frankfurt/New York.

Personalmanagement:

Jung (2017), Personalwirtschaft, Oldenbourg, Berlin/Boston.

Scholz (2000), Personalmanagement, Vahlen, München.

Produktion:

Kummer et al. (2018): Grundzüge der Beschaffung, Produktion und Logistik, Pearson Studium, Hallbergmoos.

Marketing:

Bruhn (2016): Marketing: Grundlagen für Studium und Praxis, Springer Gabler, Wiesbaden.

Meffert et al. (2014): Marketing: Grundlagen marktorientierter Unternehmensführung Konzepte - Instrumente – Praxisbeispiele, Springer Gabler, Wiesbaden.

Investition:

Bieg et al. (2016): Investition, Vahlen, München.

Blohm et al. (2012): Investition: Schwachstellenanalyse des Investitionsbereichs und Investitionsrechnung, Vahlen, München.

Finanzierung:

Bieg et al. (2016): Finanzierung, Vahlen, München.

Perridon et al. (2016): Finanzwirtschaft der Unternehmung, Vahlen, München.

Steiner et al. (2017): Wertpapiermanagement: Professionelle Wertpapieranalyse und Portfoliostrukturierung, Schäffer-Poeschel, Stuttgart.

Externes Rechnungswesen:

Baetge et al. (2017): Bilanzen, IDW, Düsseldorf.

Coenenberg et al. (2018): Jahresabschluss und Jahresabschlussanalyse: Betriebswirtschaftliche, handelsrechtliche, steuerrechtliche und internationale Grundlagen - HGB, IAS/IFRS, US-GAAP, DRS, Schäffer-Poeschel, Stuttgart.

Internes Rechnungswesen:

Coenenberg et al. (2016): Kostenrechnung und Kostenanalyse, Schäffer-Poeschel, Stuttgart.

Deimet et al. (2017): Kostenrechnung: Das Lehrbuch für Bachelor, Master und Praktiker, Pearson Studium, Hallbergmoos.

Friedl et al. (2017): Kostenrechnung: Eine entscheidungsorientierte Einführung, Vahlen, München.

Risikomanagement:

Diederichs (2018): Risikomanagement und Risikocontrolling, Vahlen, München.

Vanini (2012): Risikomanagement – Grundlagen, Instrumente, Unternehmenspraxis, Schäffer-Poeschel, Stuttgart.

Lightning Source UK Ltd.
Milton Keynes UK
UKHW021147070920
369492UK00017B/1526